CHUXIN · SHIMING · XINYANG

——WUYUZHANG GANREN GUSHI

初心·使命·信仰

——吴玉章感人故事

中国共产党荣县委员会组织部
四川大学马克思主义学院
组织编写

主　编／李建华
副主编／肖　杰　季明博

四川大学出版社

项目策划：王　军　段悟吾
责任编辑：廖庆杨　段悟吾
责任校对：喻　震
封面设计：墨创文化
责任印制：王　炜

图书在版编目（CIP）数据

初心·使命·信仰 ：吴玉章感人故事 / 李建华主编.
— 成都 ：四川大学出版社，2019.9
ISBN 978-7-5690-3102-7

Ⅰ. ①初… Ⅱ. ①李… Ⅲ. ①吴玉章（1878-1966）
－生平事迹－干部教育－教材 Ⅳ. ①K827=7

中国版本图书馆 CIP 数据核字（2019）第 206218 号

书名　初心·使命·信仰——吴玉章感人故事
CHUXIN · SHIMING · XINYANG——WUYUZHANG GANREN GUSHI

主　　编	李建华
出　　版	四川大学出版社
地　　址	成都市一环路南一段 24 号（610065）
发　　行	四川大学出版社
书　　号	ISBN 978-7-5690-3102-7
印前制作	四川胜翔数码印务设计有限公司
印　　刷	郫县犀浦印刷厂
成品尺寸	170mm×240mm
印　　张	9
字　　数	133 千字
版　　次	2019 年 9 月第 1 版
印　　次	2019 年 9 月第 1 次印刷
定　　价	40.00 元

扫码加入读者圈

◆ 读者邮购本书，请与本社发行科联系。
电话：(028)85408408/(028)85401670/
(028)86408023　邮政编码：610065
◆ 本社图书如有印装质量问题，请寄回出版社调换。
◆ 网址：http://press.scu.edu.cn

四川大学出版社
微信公众号

序

吴本立

我爷爷吴玉章一生波澜壮阔，历经旧民主主义革命、新民主主义革命和社会主义建设三个历史时期，并且每个时期都走在时代的最前列。他的事迹很多，如果从头到尾看他的传记，会很费时、吃力。《初心·使命·信仰——吴玉章感人故事》这本书，精心挑选他的感人故事，一个一个地讲给大家听，既贴合习近平总书记的重要讲话精神，又对故事进行点评延伸，还结合党员干部工作学习生活实际进行阐发。这种编写方式很新颖，讲述方法非常好。

编写组邀请我写这个序，我觉得非常忐忑。我爷爷这么伟大，我作为他的长孙女，跟他相比，真的差得太远，我没有这个资格。但是，我想从与爷爷朝夕相处 16 年的角度，讲讲他在我心中的形象。

1949 年 9 月，爷爷唯一的儿子、我的父亲吴震寰，在成都去世。当时，成都还没有解放，爷爷他们已经进了北京城。父亲留下四个儿女，我最大，也才 8 岁，最小的弟弟还没有出生。听到我父亲去世的消息后，他就想办法托人把我们一家接到了北京。从那时起，爷爷身边才真正有了家人。他把我从一个 8 岁的孩子带到参加工作，我跟他一起生活了 16 年多，直到他 1966 年 12 月去世。

从职业角度来说，他是教育家，很懂得遵循教育规律培养下一代。从家庭来看，爷爷对我们——他唯一儿子的后人，既是行使做父亲的职责，又是隔代抚养，不知道有多爱我们。但是，他对我们的教育，是非常严格的。我和我的弟弟都是在他严格教育下长大的，对此，我们的感受特别深刻。

刚到他身边生活时，我懵懵懂懂地发现，所有人对他都特别恭敬。我小时候比较叛逆，见所有人都那么尊敬他，我就想，他真的那么好吗？他难道就没有缺点？我就睁大眼睛观察他。结果，真没找到毛病。如果一定要说出一个毛病，就是不会休息。我不知道这是缺点还是优点。他对待工作，对待生活，对待我们的教育，无可挑剔，几乎就是一个完人。我跟他一起生活，自然而然地就形成一种习惯，那些违背伦理道德、违法乱纪的事，决不会去做，甚至连想一想都不会。这些东西慢慢地进入到我的骨髓里去了。他就有这样的感染力。

我的母亲毕业于上海沪江大学（今上海理工大学），这是一所用英文教学的教会学校，她的英语非常好。后来，母亲到我父亲的水利工程单位里工作，也帮助他做一些地下工作。父亲牺牲，我们一家四口原本可以享受烈士待遇，但是，爷爷不同意。全国解放后，我国全面学习苏联，特别是在经济上学习苏联的合作经济，然而，国内很少有人研究。爷爷就让母亲进入中国人民大学读研究生，专门学习贸易组织与技术专业，以便将来能够为国家经济建设作贡献。攻读这个专业的研究生，需要学俄语。好在她语言学习能力强，攻克了语言关，顺利毕业。毕业后，爷爷不让她享受三十年代大学毕业生的待遇，而是享受刚毕业的研究生待遇，这两者之间差别很大。爷爷说，现在国家还很穷，家里有他的收入，他来养我们，叫母亲不要在意这些待遇。当单位提薪、提级时，爷爷从来都是叫她让。他说，你提薪提级了，其他老师就提不成了。母亲一直都非常委屈。

爷爷平时不让我们跟他一起吃饭，一年中只有大年三十这天晚上才可以。到了那天晚上，在他的办公室进门的地方，大家把沙发往旁边移一移，把桌子拉出来，他与我们全家以及工作人员一起吃团圆饭。他说，国家给他特供食品，是因为他年纪大，照顾他，我们没有理由享受。我小时候，以为这是中央的规矩，所有的领导人都是这样的。后来，我到同学家里，发现全都是一家人吃饭，没有不在一起吃饭的！这才发现，我们不能与他一起吃饭，这是他自己立的规矩。他吃特灶，我们吃大灶。我们每顿饭都要到中国人民大学隔壁的食堂排队。即使是我最小的弟弟也不例外。直到他去世，这条规矩都没有改过。

难道是爷爷不爱我们？

1960年，我考上中国科学技术大学（当时在北京）。1961年，遇上困难时期，大家都吃不饱饭，大部分同学出现了浮肿，我也一样。年底，学校取消了期末考试，提前放假。我也就提前回了家。我家有一条规矩，家不是旅馆，回到家里一定要到他那儿报到，走的时候也要打招呼。所以，我就去他那里报到："公公，我和同学们都浮肿了，学校没有期末考试，所以，就提前回家了。"他看到我全身浮肿，一按一个坑，一句话也没有说。第二天，快到中午的时候，工作人员叫我："本立，公公叫你去他办公室。"到他办公室一看，他正好在方桌上吃饭，桌子上一小碟一小碟地放着三四个菜，不算多，他是一个不浪费的人。他让我坐在旁边的椅子上。没一会儿，他就站起来说，你吃吧。我一看，爷爷根本没吃多少。我一下子就明白了，他担心我的身体，所以，把大部分的饭菜专门留给我吃，因为我已经浮肿，特别需要吃饱饭啊！这件事极其深刻地留在了我的心里。随着年龄的增长，我逐渐明白，他的爱太深了。他立的规矩必须遵守，这个不能打破。但是他也会灵活处理，他宁可少吃点，省给我，而且用心之细，令人动容。在他的照顾下，我的浮肿也就好了。当时我觉得，他对中央纪律绝不违背，但是他爱孙之心也展现无遗。

跟他生活16年，我觉得他真的是一个完人，是一个让我们无比崇敬的人。他追求理想，坚持信念，勇于担当。在他身上体现了中华民族优良美德。他的事迹，他的精神，他的成就，是我们党的财富，是我们中国人的骄傲，应该认真地学习。只要是真正学习他的人，都会被他的故事打动，在自己的工作学习生活中，会不由自主地想到，如果是吴老，他会怎么做。他品格之高尚，精神之高贵，看起来不可触及。甚至认为，做他那样的人，实在太难了，是一件很不快乐的事。但是，只要坚持一点点地学习，你会发现，像他那样做人，会非常快乐。所以，当你像他那样，把很多欲望放下，真的会越来越快乐！

由于时间很紧，这个序由我口述，四川大学的李建华老师记录并整理而成，特向李老师表示感谢！

是为序。

前　言

不忘初心，方得始终。中国共产党人的初心和使命，就是为中国人民谋幸福，为中华民族谋复兴。回顾近百年波澜壮阔的历史，我们党之所以在腥风血雨中一次次绝境重生，在攻坚克难中不断从胜利走向胜利，就是因为始终坚守着初心和使命，赢得了人民的衷心拥护和坚定支持。而我们党之所以能够永葆初心、勇担使命，靠的是一次次同党内错误思想的激烈斗争、一次次真刀真枪地解决自身存在的突出问题，靠的是勇于自我革命的鲜明政治品格，靠的是一代又一代共产党人对理想信念坚定不移地坚守、对初心使命矢志不渝地践行。吴玉章就是坚守党的初心使命、坚定理想信念、勇于自我革命、永立时代潮头的典范。

吴玉章（1878—1966），原名永珊，字树人，四川省荣县双石乡蔡家堰人，我国杰出的无产阶级革命家、教育家、历史学家、语言文字学家。毛泽东同志称赞吴玉章“一辈子做好事，不做坏事，一贯的有益于广大群众，一贯的有益于青年，一贯的有益于革命”。这正是吴玉章一生的写照。他一生经历了旧民主主义革命、新民主主义革命和社会主义建设三个历史时期，是国民党的元老，是中国共产党“延安五老”之一，为党和人民立下了不朽功勋，在其传奇一生中留下了许多感人故事。

“不辞艰险出夔门，救国图强一片心。”吴玉章早年求学于成都尊经书院（四川大学的源头之一），后留学日本，苦苦探索救国救民的真理。从参加创建同盟会，发起共进会，到参与广州起义，领导四川保路运动，组织领导荣县首义、打响辛亥革命的第一枪；再到找到"放之四海而皆准"的马克思主义这一真理，放弃国民党中央执行委员会常务委员的高位，毅然决然地加入中国共产党，坚定不移地跟党走，把自己的一切都献给了党的革命事业、党的教育事业，书写了一个个惊天动地、感人肺腑的革命故事。

"仗剑纵横催虐骑，不教荆棘没铜驼。"吴玉章一生办学，把教育事业作为革命事业的一部分。1912 年 5 月，他与蔡元培、李石曾等同盟会员一道，发起成立留法俭学会（后又成立勤工俭学会、华法教育会），组织留法勤工俭学预备学校。1900 余名胸怀救国梦的中国青年远赴法国勤工俭学，后来为中国革命和建设作出了突出贡献。他们中涌现出周恩来、邓小平、陈毅、聂荣臻、王若飞、赵世炎、蔡和森、向警予、李维汉、李立三等中国革命的先驱和新中国的缔造者。1922—1924 年，他担任成都高等师范学校（四川大学的前身）校长，主张崇尚学术、启用新派，使该校成为"西南地区进步势力的大本营"。抗战时期，他担任延安鲁迅艺术学院院长和延安大学校长；解放战争时期，他担任华北大学校长。新中国成立后，中共中央决定成立中国人民大学，吴玉章被任命为首任校长。在长达 17 年的办学治校实践中，他亲手塑造了这所中国历史上第一所新型正规大学的精神和灵魂，使之成为新中国高等教育特别是人文社会科学教育领域的一面旗帜。他坚定地为革命培养人才，持续时间长，从事领域广，积累经验多，教育成就大，是当代中国革命文化教育事业的杰出代表。

"亮节英姿书百代，一生豪杰万人师。"吴玉章理想信念、立身处世、人品作风，垂范后人，是非凡卓越、超群流芳的人物。土地革命时期，他在远东工人列宁主义学校任教时，远东出版局曾约他编写一本中文教科书。当时，和托洛茨基派（简称托派）的斗争很激烈，书一出版，托派就从书中抓了一些"辫子"，攻击他犯了许多机会主义的错误。为了更有利于与托派斗争，他花了半个多月时间，加紧研究马、恩、列、斯的有关理论，并检查了书中可能存在的错误。在检查中，果然发现自己的文章中只是简单地提苏联消灭了富农，没有说明是在农业集体化的基础上消灭富农；同时发现别的文章中也有错处。他便给党组织写了一篇声明书，自觉地承担起全部责任，同时对错误的来源进行了深刻的检讨，表示誓与错误观点作斗争。林伯渠嘉许他“认识错误并愿意和错误作斗争，这是党员应有的态度”。

“东风得势，时代更新。趁此时机，奋勇前进。”列宁说，在一个充斥着文盲的地方，是没有办法实现共产主义的。维新变法失败后，吴玉章先后留学日本和流亡法国。他学了日本“假名”文字和法文后，觉得半拼音文字比汉字好学，纯拼音文字又比半拼音文字好学。他认为，汉字难学难用是近代中国贫困落后的因素之一，从此立志进行文字改革。在苏联，他与瞿秋白、林伯渠等制订了《中国拉丁化新文字》。这是中国共产党人有组织地进行文字改革的开始。抗日战争时期，吴玉章担任陕甘宁边区新文字协会会长和新文字干部学校校长，利用新文字在边区和各抗日根据地对广大军民扫盲。新中国成立前夕，吴玉章给毛泽东写信，提出为了有效地扫除文盲，需要迅速进行文字改革，得到了毛泽东的批复。新中国成立后，他先后担任中国文字改革研究委员会副主任、主任，积极推行文字改革，取得了丰硕的成果。1956年，国务院通过并公布《汉字简化方案》，1958年，《汉语拼音方案》问世，1964年，《简化字总表》编印发行，大大促进了普通话和简化字在全国范围内的推广使用，中国的文盲率从80%下降到了52%。文字改革，为新中国提高识字率、扫除文盲，进而对促进国民素质的整体提高，作出了卓越的贡献，在中国新文化发展的道路上，放出灿烂的光辉。

“一息尚存须努力，留作青年好范畴。”吴玉章不仅是中国教育界文化界的前辈，而且是革命青年的导师。他对青年们关心和爱护，诲人不倦的精神，给青年们留下了十分深刻的印象。正如中共中央给吴老六十大寿的贺词所写的那样，“你是中国革命的老前辈，是中国共产党的老布尔什维克，你对党对人民解放事业的忠诚，你的崇高的人格，你的高尚的革命道德，你对同志对人民真诚的热爱，你的艰苦耐劳认真切实的作风，你的谦逊和蔼的态度，将永远成为所有共产党员和革命青年的模范”。

由于像吴玉章这样的老一辈无产阶级革命家和党的优秀儿女坚守初心、牢记使命，把毕生的精力都贡献给了中国人民的解放事业和社会主义建设事业，我们的党得到全国各族人民的衷心拥护，社会主义新中国创造出人类社会发展史上惊天动地的发展奇迹。进入新时代，我们党面临的执政环境是复杂的，影响党的先进性和纯洁性的因素也是复杂的，党内存在的思想不纯、组织不纯、作风不纯等突出问题尚未得到根本解决。习近平总书记告诫全党，我们千万不能在一片喝彩声、赞扬声中丧失革命精神和斗志，逐渐陷入安于现状、不思进取、贪图享乐的状态。越是环境复杂、任务艰巨，越不能忘记党的初心使命，越要有强烈的自我革命精神。党的初心使命，镌刻在党章上，体现在党的宗旨里，回响在每一位新党员铿锵有力的入党宣誓中，更体现在每一位党员的实际行动中。可以说，每一位党员都是初心奋斗者，都是奔跑追梦人。

实现中华民族伟大复兴中国梦，需要每一位党员不忘初心，牢记使命，永远奋斗。不忘初心，就要在学习贯彻习近平新时代中国特色社会主义思想中激活初心、牢记初心、永葆初心，就要在一批批优秀党员干部为坚守党的初心、实现党的初心的感人故事中接受思想洗礼、坚定理想信念、汲取精神力量。吴玉章信念坚定，思想先进，品格高尚，忠贞坚韧，为我们树立了光辉典范。牢记使命，就要学习一代代中国共产党人在革命年代里的舍生忘死、视死如归精神，在建设年代里的无私无畏、筚路蓝缕精神，在改革年代里的改天换地、勇于创新精神，接好实现中华民族伟大复兴中国梦的接力棒，沿着中国特色社会主义道路不断前进。吴玉章自觉肩负救国救民的历史使命，始终处于中国革命的前沿，光明磊落，从不谋私，不重权位，备受人民的尊敬和爱戴。其精神光辉照耀着我们为实现民族伟大复兴而努力奋斗。在新时期，我们要对照习近平新时代中国特色社会主义思想和党中央决策部署，对照党章党规，对照人民期待，对照典型榜样，检视、发现自身的不足和短板，有的放矢进行整改。吴玉章品格高尚、风范景崇、光彩照人，与他对比，我们可以找出自己和他之间存在的许多差距。作为党员干部，要顺应民心、尊重民意、关注民情、致力民生，推动党的路线方针政策落地生根，推动解决人民群众的实际问题，让群众有更多、更直接、更实在的获得感、幸福感、安全感，实现对美好生活的向往。毛泽东评价，吴玉章是“一辈子做好事，不做坏事，艰苦奋斗几十年如一日”的典范，号召全党学习他“对于革命的坚持性”。他“几十年如一日”地为人民“做好事”，深刻地诠释了什么是“全心全意为人民服务”，怎样才能把工作抓到实处，为我们今天干事创业、服务人民树立了榜样，提供了示范。

本读本围绕不忘初心、牢记使命这个主题，以初心、使命、信仰为关键词，以习近平总书记有关重要论述作为吴玉章感人故事的导语，努力把吴玉章故事讲得有声有色、有滋有味、有情有义；在延伸阅读部分结合党章党规相关规定、结合党员干部日常工作学习生活进行点评和引申，以帮助党员干部坚定理想信仰、牢记党的宗旨，树立正确的权力观、政绩观、群众观，锤炼忠诚干净担当的政治品格，勇担职责使命，焕发干事创业的精气神，把党中央各项决策部署落实到位，努力为人民创造更加美好的生活。

目　录

旧民主主义革命时期

新民主主义革命时期

社会主义建设时期

旧民主主义革命时期

我们看见很多成败利钝，好几次又成又败、有利有钝的革命。我自己也参加过很多，革命有这样多年，这样多次。我常常感觉到为什么我们这个革命没有成功？好多年没有得到正确的解答，现在得到了。这就是说，我们缺少革命的理论，没有像我们党的领袖毛泽东同志这种思想、这种理论同他的革命策略。

——吴玉章

时务大家

必须提高政治站位、树立历史眼光、强化理论思维、增强大局观念、丰富知识素养、坚持问题导向，从历史和现实相贯通、国际和国内相关联、理论和实际相结合的宽广视角，对一些重大理论和实践问题进行思考和把握。

——习近平在学习贯彻党的十九大精神研讨班开班式上的讲话（2018 年 1 月 5 日）

大家都知道明代顾宪成的著名对联，上联是“风声雨声读书声，声声入耳”，下联是什么呢？“家事国事天下事，事事关心！”只有关心天下大事，才可能胸怀天下，兼济天下，以天下事为己任。吴玉章虽然出生于偏远的四川省荣县双石乡蔡家堰，但是他从小就关心国家大事，立志报国为民。

1892 年，14 岁的吴玉章跟随二哥吴玉锟到成都尊经书院求学，其间，经常与同学游览武侯祠、杜甫草堂等名胜古迹，听到诸葛亮、杜甫等名人的故事，联系国家存亡危机，大发感慨、忧愤交加，养成心系国家大事的习惯。1894 年，中日甲午战争爆发，清政府与日本签订了丧权辱国的《马关条约》，列强开始掀起瓜分中国的狂潮。那时的吴玉章为国家的前途忧心如焚，开始寻找救亡图存的道路。此时，康有为、梁启超等人提出变法维新思想，这让他看到了希望。1898 年，吴玉章求学于自贡旭川书院，经常读到二哥寄来的维新变法书刊。他看到康有为、梁启超痛快淋漓的议论后，深受鼓舞，一心要做变法维新的志士，对于习八股、考功名便没有多大兴趣了。他在家乡广为宣传维新派的《万国公报》《时务报》及《新民丛报》的思想言论，他的思想是当时荣县最先进的。一些进步青年学生对他十分钦佩，纷纷围绕在他周围聆听他的高论。他们都尊称吴玉章为“时务大家”，这一绰号逐渐传开，好多人都习惯叫他绰号。当变法诏书一道道传来的时候，吴玉章等赞成变法的人欣喜若狂，尤其是光绪皇帝斥责守旧派时，更让他们感到鼓舞。赞成变法维新的人见到吴玉章都高兴地说：“‘时务大家’，今天给我们讲点什么呢？”守旧的人见到吴玉章则冷嘲热讽，并威胁说：“听‘时务大家’的嘛，那就是要杀头的哟。”

很快，变法维新失败，戊戌六君子血染菜市口。守旧分子立刻反攻，嘲笑吴玉章等人：“早说不对嘛，要杀头哩！”吴玉章并不气馁，引用谭嗣同的英勇事迹来回击他们。谭嗣同在被捕前，曾有日本人劝他去避难，但他说“各国变法，无不从流血而成。今日中国未闻有因变法而流血者，此国之所以不昌也，有之，请自嗣同始”，并写下“我自横刀向天笑，去留肝胆两昆仑”的诗句！变法虽然失败，但使吴玉章明白，要改变中国，必须改变束缚头脑、窒息的封建旧思想，必须重新寻找救国救民道路。

【延伸阅读】

古往今来，成大事者必有大胸襟，必有大担当。吴玉章绰号一事，折射出他从小便关心国家大事，志存高远，心忧天下。“以天下之目视，则无不见也；以天下之耳听，则无不闻也；以天下之心虑，则无不知也。”正是由于有千千万万像吴玉章这样的优秀中华儿女，以天下为己任，致力于救亡图存，寻找民族独立、国家富强的道路，并对此矢志不移，才让一个山河破碎、国弱民穷的旧中国变成一个巍然屹立于世界东方的新中国。《中国共产党章程》（以下简称《党章》）规定，党员的第一项义务就是“认真学习马克思列宁主义、毛泽东思想、邓小平理论、‘三个代表’重要思想、科学发展观、习近平新时代中国特色社会主义思想，学习党的路线、方针、政策和决议，学习党的基本知识，学习科学、文化、法律和业务知识，努力提高为人民服务的本领”。这就要求我们每一名党员干部都要做“时务大家”，关心党和国家大事，在党言党，在党忧党，在党为党，站在党的事业全局高度来思考问题、谋划工作、推动实践。

反对裹足

我国传统思想文化根源在社会生活本身，是人们思想观念、风俗习惯、生活方式、情感样式的集中表达。古代思想文化对今人仍然具有很深刻的影响。我们要对传统文化进行科学分析，对有益的东西、好的东西予以继承和发扬，对负面的、不好的东西加以抵御和克服，取其精华、去其糟粕，而不能采取全盘接受或者全盘抛弃的绝对主义态度。

——习近平在中共中央政治局第十八次集体学习时讲话（2014 年 10 月 13 日）

“古来美人，其足无有不纤纤者。”为了满足这种畸形的审美观，古代女子不得不裹足。戊戌变法之前，开启风气之先的上海已成立了天足会，禁止妇女裹足。吴玉章和他二哥便是反对裹足的激进分子。但是，在维新派的失败声中和守旧势力的包围下，吴玉章的大嫂还是把自己女儿的脚给裹上了。对此，吴玉章痛心疾首道：“唉！变什么法？维什么新？就在自己家里也行不通啊！这真使我感到痛心。”其实，这不是一个简单的家庭问题，也不是一个简单的放脚问题，本质上是一场新旧思想的斗争。

事实上，1901 年清政府已经颁布诏令，严禁女子裹足，然而，很多地区裹足的陋习依旧根深蒂固。1903 年，吴玉章的女儿到了裹足的年龄，他的妻子专门写信给远在日本的吴玉章说，要给孩子裹足。他立刻写信回去，严厉地反对。孩子刚刚裹上的小脚得到了解放，她成了家乡第一个不裹脚的女孩。最初，这一做法遭到亲友非议，认为这样做是破坏祖宗立下的规矩，是大逆不道的，孩子长大后会嫁不出去。但吴玉章的态度十分坚决，没有裹足的孩子也健康成长了，慢慢就有人跟着学。后来，就再也没有女孩子裹足了。多年后，吴玉章回忆这件事情时说，“移风易俗既要具备先决的客观社会条件，也要有人敢于出来带头，勇敢地向传统势力斗争，二者缺一不可，否则都不可能成功”。正是由于吴玉章带头反对裹足，不仅解放了自己女儿的双脚，也让更多的女孩子从陈规陋习中解放出来。

【延伸阅读】

封建陋习不除，革命思想难立。为抵制裹足陋习，吴玉章首先从反对女儿裹足做起，从而开化思想，引领时代风气。《党章》总纲规定，中国共产党领导人民发展社会主义先进文化。大力发展教育、科学、文化事业，推动中华优秀传统文化创造性转化、创新性发展，继承革命文化，发展社会主义先进文化，提高国家文化软实力。作为新时代党员干部，对待中国传统文化，既要从中汲取智慧和力量，古为今用、固本培元、磨砺心性、净化心灵，更要做到扬其精华、弃其糟粕，与时代先进文化融合，赋予其新的时代品格，真正为中华民族伟大复兴提供更加丰厚的滋养。决不能“不信马列信鬼神”，搞“烧香拜佛保平安，求仙问卦看风水”，决不能让腐朽的封建思想侵蚀我们的大脑、腐蚀我们的思想。

放弃官费

我们共产党人讲奉献，就要有一颗为党为人民矢志奋斗的心，有了这颗心，就会“痛并快乐着”，再怎么艰苦也是美的、再怎么付出也是甜的，就不会患得患失。这才是符合党和人民要求的大奉献。

——习近平在考察中央办公厅工作时的讲话（2014 年 5 月 8 日）

人们常说，“囊中羞涩，徒步难行；捉襟见肘，独木难支”。当我们非常拮据的时候，如果有机会获得一笔无偿资助，我们会怎样选择呢？吴玉章在日本成城学校留学时，尽管经济上十分的困难，但仍旧把官费资助的名额让与同学，自己东挪西借、勤俭节约勉强拼凑学费。这件事在当时的留日学生中广为传颂。

1903 年 3 月，吴玉章和他二哥到日本成城学校留学。两人所带钱物不多，到 1904 年二哥回国之时，钱已所剩无几。此时，吴玉章的经济很困难，常常拖欠学校的学费。同学们见此情形，便要替吴玉章申请官费资助名额。以吴玉章当时的条件，到日本留学比较早，同时是成城学校第一班的班长，学习成绩也较好，而且家庭又确实困难，如果同学们替吴玉章去申请官费资助名额，获得批准是不成问题的。但是，吴玉章从小就知道“临财毋苟得、临难毋苟免”的道理，坚决谢绝同学们的好意，主动把官费资助名额让与别的更需要的同学。

当时吴玉章想为国家多培养一名学军事的人才，便提议给荣县的罗厚常申请官费资助名额，大家一致同意，申请得到批准。经过这件事情，同学们对吴玉章了解更加深入，彼此关系也更加亲密了。而且成城学校对吴玉章也很好，见吴玉章在同学中威信很高，不但不催缴他的学费，还按月发给零用钱。而在这种情况下，吴玉章也更加自觉地缴纳学费，只要家里的钱一寄到，第一件事情便是去交学费。在同学们的帮助和成城学校的关照下，吴玉章一直坚持到了毕业。后来吴玉章回忆此事时写道，“由此可见，一人若能照顾大家，大家也一定能照顾这一人。相反，一切自私自利者，都常以损人始而以害己终。违背群众利益是永远不会有好下场的”。

【延伸阅读】

吴玉章远在日本求学，虽然生活十分窘迫，但他的心中始终装着国家，装着他人，把十分宝贵的官费资助名额让给他认为最需要、最值得资助的同学，体现出舍己为人的崇高品质和高风亮节。《党章》规定，党员必须“坚持党和人民的利益高于一切，个人利益服从党和人民的利益，吃苦在前，享受在后，克己奉公，多做贡献。”对于党员干部来讲，要时刻牢记党的章程，把人民需要、社会需要和工作需要放在首位，把个人得失放在最后，坚持全心全意为人民服务的宗旨，用行动诠释新时代共产党员的崇高使命。当个人利益与国家利益、集体利益、人民利益发生矛盾的时候，国家利益、集体利益、人民利益应优先，必要时可以牺牲个人利益；当个人利益与他人利益发生矛盾时，他人利益优先。切不可与民争利，更不能唯利是图。

捍卫国旗

在中华民族几千年绵延发展的历史长河中，爱国主义始终是激昂的主旋律，始终是激励我国各族人民自强不息的强大力量。不论树的影子有多长，根永远扎在土里；不论留学人员身在何处，都要始终把祖国和人民放在心里。

——习近平在欧美同学会成立100周年庆祝大会上的讲话（2013年10月21日）

众所周知，国旗是国家的象征和标志。国旗不仅能够唤起国民的爱国热情，还能培养公民对国家的责任感和荣誉感，人们通常以悬挂国旗的形式来表达对祖国的热爱或对他国的尊重。一百多年前，由于中国积贫积弱，在国际上经常得不到应有的尊重。

1903年，吴玉章和其二哥到日本东京成城学校留学。虽然学校对品学兼优的吴玉章颇为照顾，但他并没有因此而放弃应该进行的斗争。1904年元旦，成城学校挂的万国旗中竟然没有中国的国旗，中国学生大为愤慨。吴玉章领导中国学生和学校做坚决斗争，提出“若不道歉和纠正错误，我们便不上课、不吃饭”。学校领导见带头人是吴玉章，非常不满地说：“我们对你这么好，你不但不感恩，还要领着大家来反对学校，实在是太不应该了。”面对谴责，吴玉章义正词严地说：“学校对我好，我很感激。但是对于国家荣辱的大事，我们是不能不誓死力争的呀！”当时，日本帝国主义对留日学生，一向采取拉拢和收买的政策，而留日学生中也的确有一些不肖之徒，见利忘义，被软化拉拢，有的后来甚至当了卖国的汉奸。尽管吴玉章受到学校的照顾，但在事关国家荣辱的大是大非面前，寸步不让，据理力争。学校最后只得屈服。无独有偶，1914年，由于受到袁世凯通缉，吴玉章被迫远赴法国留学，乘坐的又是日本轮船。恰逢在船上过元旦节，而日本轮船上挂的万国旗中竟然又没有中国的国旗。吴玉章义愤填膺，鼓动全船的中国同胞同船长作斗争，迫使船长向中国同胞道歉。后来，吴玉章回忆道："一个人是否把国家民族的利益看得比个人的利益更为重要，是决定这个人能否坚持民族气节的关键。我从来把民族大义看得至高无上，所以一碰到日本帝国主义侮辱中国的事情，便马上抛弃了过去对它比较友好的感情，转而和它斗争。"

【延伸阅读】

即使是身在任人宰割、饱受欺凌的旧中国，即使中国人在日本等帝国主义国家遭到各种轻视、忽视和蔑视，吴玉章依然不屈不挠地捍卫国旗，捍卫国家的尊严。爱国主义是个人或集体对祖国的一种积极和支持的态度，集中表现为民族自尊心和民族自信心，为保卫祖国和争取祖国的独立富强而献身的奋斗精神。中国共产党是爱国主义精神最坚定的弘扬者和实践者，始终把实现中华民族伟大复兴作为自己的历史使命。新时代，我们要大力弘扬伟大爱国主义精神，大力弘扬以改革创新为核心的时代精神，为实现中华民族伟大复兴的中国梦提供精神支柱和精神动力。要把爱国之情、强国之志转化为报国之行，到祖国最需要的岗位上挥洒自己的青春和热血。不能放弃爱国立场，不能崇洋媚外，甚至做崇美、精日、哈韩之流，沦为民族的败类。

剪辫明志

全党同志必须保持革命精神、革命斗志，勇于把我们党领导人民进行了97年的伟大社会革命继续推进下去，决不能因为胜利而骄傲，决不能因为成就而懈怠，决不能因为困难而退缩，努力使中国特色社会主义展现更加强大、更有说服力的真理力量。

——习近平在学习贯彻党的十九大精神研讨班开班式上的讲话（2018年1月5日）

在民主革命时期，革命就意味着流血牺牲，家人也会遭到牵连。但是，山河破碎、灾难深重的旧中国，如果没有一批又一批革命志士义无反顾地牺牲小我、牺牲小家，是不可能走向光明的。

1903年4月，俄国撕毁中俄《东三省交收条约》，并提出七项无理要求，引起中国人民的极大愤慨，为此集会、游行、通电，表示坚决反对，拒俄运动由此爆发。当时，吴玉章和其二哥刚到日本求学。4月29日，我国留学生在东京锦辉馆召开拒俄大会，大家群情激愤，一致同意成立“拒俄学生会”，吴玉章和其二哥毫不犹豫地签名入会。和他们同去日本留学的同乡好友黄芝，比吴玉章兄弟年长，又在1902年考上了“优贡”，地位也比他们兄弟高，所以处处以“家长”自居。黄芝当时仍然崇拜康有为、梁启超，只赞成作“文明的改良”，反对轰轰烈烈的革命运动，因而坚决反对他们兄弟签名入会，参加革命运动。可是兄弟二人均不听从他的劝告，黄芝很生气，却也没有什么办法。于是，他写信回家乡蔡家堰，告诉吴玉章的家人，说这两兄弟不听他的劝告，参加了革命。

清末的蔡家堰，偏居一隅，乡民老实本分，对革命视为洪水猛兽，认为闹革命就是与乱民逆党为伍，不是掉脑袋就是永世回不了家，人人避之唯恐不及。所以，家乡亲友得知吴玉章兄弟参加革命，都又惊又怕。幸好吴玉章的大哥吴永梣看过一些新书，思想尚算进步，对革命略懂一二，又深知他们兄弟一向忠厚老实，决不会做出对国家和人民不利的事情，还能勉强沉得住气。

当大哥写信把家乡亲人的担忧告诉吴玉章的时候，年轻气盛的吴玉章愤怒不已。他在后来的回忆录中写道，黄芝写信回家说我参加了革命，不但未能使我发生恐慌，反而更加坚定了我参加革命的决心。吴玉章认为，“反正回不了家，干脆就在外面搞革命吧”，于是，一怒之下将头上的辫子剪了，以表革命到底，永不回头的决心。同时，为了不使家人受到牵连，吴玉章写信给大哥，表示可与家庭脱离关系。从此，他义无反顾地走上了革命的道路。

【延伸阅读】

青年吴玉章投身革命时表现出的坚定信念和决绝态度，是我们党革命精神的生动写照，是党的宝贵精神财富。这些精神财富是激励我们克服一切艰难险阻，为实现中华民族伟大复兴而奋斗的强大精神动力。《党章》第九条规定：党员缺乏革命意志，不履行党员义务，不符合党员条件，党的支部应当对他进行教育，要求他限期改正；经教育仍无转变的，应当劝他退党。在革命年代，投身革命，意味着舍弃个人和家庭利益，甚至流血牺牲。新时代进行新的伟大斗争，我们必须发扬革命精神，继承优良传统，坚定革命意志，以如履薄冰、如临深渊的自觉，披荆斩棘、一往无前的勇气，坚定理想、艰苦奋斗，干事创业、忠诚为民，自觉担当起民族复兴的历史重任，朝着我们党确立的伟大目标奋勇前进。不能让自己的革命意志衰退、奋斗精神消减，不能拈轻怕重、贪图安逸。

敢于斗争

实现伟大梦想，必须进行伟大斗争。社会是在矛盾运动中前进的，有矛盾就会有斗争。我们党要团结带领人民有效应对重大挑战、抵御重大风险、克服重大阻力、解决重大矛盾，必须进行具有许多新的历史特点的伟大斗争，任何贪图享受、消极懈怠、回避矛盾的思想和行为都是错误的。

——习近平在中国共产党第十九次全国代表大会上的报告（2018 年 10 月 18 日）

始终保持斗争精神是我们党克敌制胜的重要法宝，斗争精神早已融入党的血脉，贯穿于革命、建设和改革各个时期。吴玉章早在日本留学时就展现出极强的斗争精神。1905 年前后，腐朽的清政府除对各地的革命起义进行残酷的镇压之外，还对一切的革命宣传也加以严厉禁止和破坏。1907 年下半年，四川留日学生决定在东京创办进步杂志《四川》，并推举吴玉章来主持工作。吴玉章当时已考入日本国立的大学预科——岗山第六高等学校工科，并循例补为官费留学生。岗山到东京有半天的火车车程，如果吴玉章要办杂志，不脱离学校是不可能的。为此，他便称病请假一年，一门心思办《四川》杂志。1907 年年末，在吴玉章等人的共同努力下，《四川》杂志以鲜明的革命姿态与世人见面，对内坚决反对清朝反动统治，对外坚决反对帝国主义，成为当时中国最进步和最革命的刊物之一。杂志出版后，很受人们欢迎，销路很广，每期出版发行后又再度印刷。

由于《四川》杂志影响非常广泛，遭到了清政府的仇视，欲除之而后快。1908 年秋，清政府专使唐绍仪访美途经日本时，秉承清政府的意旨，要求日本政府查禁同盟会机关报《民报》和《四川》杂志。吴玉章和章太炎为此都吃了官司。《民报》被日本政府指控“激扬暗杀、破坏治安”，除罚金外并禁止发行。而对于《四川》杂志，日本政府故意把问题搞得更严重，不但罚金更多，还判处了吴玉章半年的徒刑。此时的吴玉章假已经结束，已回岗山继续上课。《四川》杂志编辑兼发行人已变成了当时四川留日学生同乡会长、同盟会员廖希贤。《四川》杂志被控，理应由廖希贤出庭受审。廖却把责任推在吴玉章身上，拒绝出庭。当时人们都认为不公平，还有人坚决不让吴玉章出庭应诉。吴玉章想，“‘见义不为，无勇也’。到法庭有什么可怕呢?”于是毅然出庭受审。大家都很感动，特地为他请了一个有名的日本律师来作辩护。日本检察官在法庭上列举了《四川》杂志“四大罪状”：（1）鼓吹革命；（2）激扬暗杀；（3）煽动日本殖民地反对帝国；（4）反对天皇。在律师的辩护下，最终法官以“查禁杂志、罚金一百元，处编辑发行人有期徒刑半年”，姑念“编辑发行人（吴玉章）尚在求学，准予犹豫执行（缓刑）”。一场所谓的“庭审”风波草草结束。吴玉章早就洞察出清政府和日本帝国主义的险恶用心，将事情原委一五一十地告知大家，揭穿了“审判”“辩护”和“判决”的骗人把戏，使更多的人认识到了日本帝国主义与清政府串通一气，迫害中国革命的罪恶企图。

【延伸阅读】

吴玉章不怕敌人强大，不计个人荣辱，以顽强的斗争精神勇斗清政府和日本政府，揭露其迫害中国革命的恶毒企图，是无数革命者勇于斗争、敢于牺牲的真实写照。《党章》第三条规定，为了保护国家和人民的利益，在一切困难和危险的时刻挺身而出，英勇斗争，不怕牺牲。新时代坚持和发展中国特色社会主义是一场伟大的社会革命，要求我们必须时刻进行具有许多新的历史特点的伟大斗争。我们要培养斗争精神，始终保持共产党人敢于斗争的风骨、气节、操守、胆魄。要增强斗争本领，透过现象看本质，抓好战略谋划，牢牢掌握斗争主动权。要主动到斗争一线去真枪真刀磨砺，强弱项、补短板，学真本领，练真功夫。

广州起义

我们的党、我们的事业历经各种坎坷挫折，但愈挫愈奋、愈战愈勇。我们现在一定要有信心，继续沿着革命先辈们开辟的道路走下去，发展壮大自己。只要坚定不移、一以贯之，我们就一定能够取得新长征的胜利，就一定能够实现中华民族伟大复兴的中国梦！

——习近平在主持召开推动中部地区崛起工作座谈会时的讲话（2019年5月21日）

1910年夏，吴玉章与熊克武、但懋辛、井勿幕等人一同南下，到香港会同黄兴和喻培伦（字云纪），共同筹划发动广州起义。此前，孙中山已与黄兴、赵声等议定要在广东大举起义。

鉴于过去几次分散性的起义都失败了，同盟会决定，这次起义要集中全力、实行决战，而不计成败。除在广东积极准备外，还派人到广西乃至长江流域各省发动，同时通知在日本和南洋各地的同盟会员尽量参加。吴玉章的任务主要是负责从日本购进起义武器弹药。购买军火是一项非常艰巨的任务，特别是大批购买，买到后还要秘密送到香港和广州，不仅难如牵鬼上剑而且危如燕巢卫幕。但是，这项任务又十分重要，没有武器弹药，起义就不可能举行，更不可能成功。从1911年2月中旬至4月25日，吴玉章想尽了各种办法，克服了重重困难，先后购买大量军火分成五批送往香港，出色地完成了任务，为广州起义提供了所需的武器装备。

4月8日，温生才刺杀了广州将军孚琦，引起了两广总督兼署广州将军张鸣岐和广东水师提督李准等人的注意，原定于4月13日的广州起义，不得不推迟到4月27日举行。起义爆发当天，黄兴亲自领着一队人马直攻总督衙门，及至攻入后堂，才发现张鸣岐早已逃避。再返出衙门，恰遇敌人大队人马。在交战中，黄兴右手伤断两指，仍然带着队伍奋勇杀敌，直至最后剩他一人，才避入一家小店脱身。喻云纪、熊克武、但懋辛等为另一路，从后面攻入总督衙门。喻云纪胸前挂着满满的一筐炸弹，沿途抛掷，一人奋勇当先、所向披靡，敌人见之无不丧胆。但终因寡不敌众，横身被创，最后弹尽力竭，为敌所俘。当敌人审问他时，他慷慨激昂地说："学说是杀不了的，革命尤其杀不了。"随后英勇牺牲。

令人遗憾的是，当吴玉章历尽艰辛，亲自将最后一批军火运抵香港，随即赶赴广州参与起义时，起义已经发动并且失败了，官兵正在四处捉拿革命党人，吴玉章等人被迫返回香港。广州起义后，大家找不到吴玉章，就风传他已经牺牲了，把他认定为"七十二烈士"之一。后来事情弄清楚后，邹鲁撰写《黄花岗七十二烈士碑记》中称吴玉章为"当日未死同志"，对他为广州起义作出的贡献给予充分肯定。为此，吴玉章还作诗一首："飘摇清室遇狂风，革命潮流汇广东。七十二贤成烈士，至今凭吊有吴翁。"

对于广州起义的失败，吴玉章深刻总结说："志士们虽然英勇无比，但是，没有发动广大群众参加的军事行动，终于无法避免其失败的命运。这就是广州起义所以失败的根本原因。"广州起义虽然失败，但是，烈士们的鲜血没有白流，它激发了无数的人们继起斗争，并使反动统治者吓得丧魂落魄。此后，辛亥革命的高潮来到了。

【延伸阅读】

吴玉章参与领导广州起义，是他为革命事业奋斗一生的缩影。《党章》第三条规定，党员要贯彻执行党的基本路线和各项方针、政策，带头参加改革开放和社会主义现代化建设，带动群众为经济发展和社会进步艰苦奋斗，在生产、工作、学习和社会生活中起先锋模范作用。奋斗是曲折的，"为有牺牲多壮志，敢教日月换新天"，要奋斗就会有牺牲。奋斗是艰辛的，艰难困苦、玉汝于成，没有艰辛就不是真正的奋斗。奋斗是长期的，前人栽树、后人乘凉，伟大事业需要几代人、十几代人、几十代人持续奋斗。新时代是奋斗者的时代。我们要始终发扬大无畏精神和无私奉献精神，勇于在艰苦奋斗中净化灵魂、磨砺意志、坚定信念，坚持把人民对美好生活的向往作为我们的奋斗目标，始终为人民不懈奋斗、同人民一起奋斗，把奋斗精神贯彻到进行伟大斗争、建设伟大工程、推进伟大事业、实现伟大梦想全过程，形成竞相奋斗、团结奋斗的生动局面。

有勇有谋

各级领导班子和领导干部要加强斗争历练，增强斗争本领，永葆斗争精神，以“踏平坎坷成大道，斗罢艰险又出发”的顽强意志，应对好每一场重大风险挑战，切实把改革发展稳定各项工作做实做好。

——习近平在省部级主要领导干部坚持底线思维着力防范化解重大风险专题研讨班开班式上的讲话（2019年1月21日）

有勇无谋者只会一味冒险，有谋无勇者只会纸上谈兵，无勇无谋者只会随波逐流，有勇有谋者才可能成就一番大事。吴玉章有勇有谋、智勇双全，就连孙中山先生都对他非常佩服。

吴玉章到日本后，就如饥似渴地学习各种新学问、新学说，并参加了一系列爱国学生运动，成为四川留日学生中的积极分子。当时在日本的革命者，受到了无政府主义思想的影响，还学会了从事恐怖活动特别是制造炸弹的技术，于是，发动武装起义的同时，组织对清朝官员的暗杀，一时成为风气。1905年，吴玉章参与了同盟会对两江总督端方的暗杀行动。他负责在日本购置器材和筹措经费，并参与了行动谋划、人员培训等活动。但因端方临时改变行走路线而未能实现。随后，吴玉章等人又计划了刺杀摄政王载沣等好几次暗杀活动，却都失败了。但是，革命党人甘冒生死、前赴后继地投向清王朝专制统治者的一枚枚炸弹，像惊雷震撼着社会、惊醒了国人，激发了一些革命青年杀身成仁的志气，鼓舞人民积极投身反对封建专制主义的斗争。

广州起义前夕，吴玉章负责到日本去购运枪支弹药。这是一件非常困难的事情，特别是大批购买，并且要秘密地送到香港和广州，就越发举步维艰了。他第一批购得手枪一百一十五支、子弹四千发，交由周来苏运往香港。谁知周来苏胆小如鼠，当船快到香港时，他忽然害怕起来，竟把所有枪弹一一投入海中。大家于失望和愤恨之余，给周取了一个外号，叫“周丢海”。这样一来，吴玉章续购军火的任务就更重了。有一次，天下着雨，吴玉章急需亲自运送手枪子弹两千发到别处去。那天下着雨，他脚穿高脚木屐，两腋下各挂了一千发子弹，外穿一件日本和服，手上还拿着雨伞，行走起来极不方便，稍有不慎，就有摔倒暴露的危险。偏巧，刚走出秘密住所，就遇见了一个警察。他泰然自若，有意和这名警察拉开一些距离，慢慢地走在他的后面。好容易走了半里路，右面横街又出来一个警察，走在他的后面。这样一来，两个警察就一前一后，把他夹在中间。此时的吴玉章虽然忧心如焚，却又不敢露出惊慌之色。他故作镇定地一直向前走，大约走了一里路之后，才找到机会转到别的街道，把他们甩开，安全到达目的地。当他卸下子弹时，已然满身是汗，但精神上却格外轻松，好像打了一个大胜仗。还有一次，一位同志把一百二十支手枪装在一个长不到三尺、厚不过几寸的皮箱里，引起了车站人员的怀疑。此事如果败露，不仅从日本运送的几百支手枪会损失，起义的计划也会暴露。吴玉章知道后想了许多办法，居然把皮箱安全地取了出来，化险为夷。孙中山和一些革命党人对他都非常佩服。对于这些暗杀行动，吴玉章后来说，我们怀着满腔的热忱，不惜牺牲个人的性命去惩罚那些昏庸残暴的清朝官员，哪里知道暗杀了统治阶级的个别人物并不能推翻反动阶级的政治统治，尤其是不能动摇它的社会基础呢？这些道理，是必须掌握马克思主义的唯物史观以后才能理解的。

【延伸阅读】

吴玉章在革命中的无惧生死和大智大勇，来自于对国家遭受深重灾难的痛彻心扉，来自于对国家独立、民族解放、人民幸福的强烈渴望，来自于对革命事业的忠贞不渝。《中庸》云：“好学近乎知，力行近乎仁，知耻近乎勇。”《党章》第二条规定：中国共产党党员必须全心全意为人民服务，不惜牺牲个人的一切，为实现共产主义奋斗终身。当前，我们正处在民族伟大复兴的关键时期，改革发展正处在攻坚克难、闯关夺隘的重要阶段，永葆斗争精神、勇于担当作为显得尤为重要。作为新时代的党员干部，我们要立足自身岗位，主动担当作为、勇挑重担、攻坚克难，像习近平总书记说的那样，要做起而行之的行动者、不做坐而论道的清谈客，当攻坚克难的奋斗者，不当怕见风雨的泥菩萨，在摸爬滚打中增长才干，在层层历练中积累经验。

革命先锋

不忘初心，牢记使命，就不要忘记我们是共产党人，我们是革命者，不要丧失了革命精神。

——习近平在新进中央委员会的委员、候补委员和省部级主要领导干部学习贯彻习近平新时代中国特色社会主义思想和党的十九大精神研讨班开班式上的讲话（2018年1月5日）

“浊酒不销忧国泪，救时应仗出群才。拼将十万头颅血，须把乾坤力挽回。”这是秋瑾女士在《黄海舟中日人索句并见日俄战争地图》中的诗句，表达了愿为祖国抛头颅洒热血的崇高志向，这也是无数致力于救亡图存的革命者的真实写照。在闭塞的四川，少年吴玉章深受康有为、梁启超改良主义思想的影响。到了日本后，吴玉章开始接触到资产阶级革命理论。他说：“到了日本，我才觉得冲破了狭隘的天空，豁然开朗，第一次看到了全世界。饱读了民权革命的史籍，醉心于实用科学的追求，德赛二先生已成为当时一般留学生所崇拜的了。”

通过参加拒俄运动和阅读各种宣扬革命的报刊、文章，例如《苏报》《浙江潮》《驳康有为论革命书》《革命军》等，吴玉章逐渐从资产阶级改良主义者转变为资产阶级革命者。正如他所说：“当我读了邹容的《革命军》等文章后，我在思想上便完全和维新改良主义决裂了。”此时，随着爱国运动的兴起，革命思想的广泛传播和资产阶级革命派的形成和壮大，国内涌现了一些资产阶级的团体。吴玉章最看好的是孙中山建立的以“驱除鞑虏，恢复中华，建立民国，平均地权”为革命宗旨的同盟会。因此，他积极参与筹建并加入同盟会，还当选为同盟会评议部评议员，成为同盟会的骨干。此后，吴玉章紧紧跟随孙中山，在思想、行动上走上了民主资产阶级革命的道路。

广州起义失败后，同盟会安排吴玉章回川主持工作，任务是“在川立分会，运动军队，与长江下游相联络”。回到家乡荣县后，吴玉章与龙鸣剑、王天杰等革命党人率领荣县同盟会和哥老会成员，与广大人民群众一道通过武装革命斗争，发动“五保镇”起义、讨伐赵尔丰等，在全国率先举起了独立大旗，建立了全国第一个脱离清王朝的县级政权——荣县军政府。荣县起义，发动于1911年8月初，比武昌起义要早两个月，宣布独立是9月25日，比武昌起义早半个月。所以，荣县起义被称为“辛亥首义”。

辛亥革命后，吴玉章又参与反袁斗争的“二次革命”和“护国运动”，以及反对北洋军阀的“护法运动”。随之，军阀混战和列强加紧侵略，辛亥革命最终失败。是革命道路错了，还是没有正确的方法呢？吴玉章陷入痛苦的反思，迫切地追求着新的救国救民的真理。而当他为革命在精神上忍受着强烈烦闷和苦恼的时候，苏联的十月革命和中国的五四运动，让他又看到了新的希望和光明。

【延伸阅读】

吴玉章无论是在旧民主主义时期、新民主主义时期还是在社会主义建设时期，都走在革命的前列，为我们树立了光辉典范。《党章》第九条规定：党员缺乏革命意志，不履行党员义务，不符合党员条件，党的支部应当对他进行教育，要求他限期改正；经教育仍无转变的，应当劝他退党。革命精神是我们党在前进道路上战胜各种困难和风险，不断夺取新胜利的强大精神力量和宝贵精神财富。今天，我们正在奋力实现中华民族伟大复兴。这个复兴，绝不是轻轻松松、敲锣打鼓就能实现的。我们必须保持革命精神、革命斗志，勇于把我们党领导人民进行的伟大社会革命继续推进下去；我们必须时刻面对挡在前进道路上的重大挑战、重大风险、重大阻力、重大矛盾，继续进行具有许多新的历史特点的伟大斗争；我们必须坚决维护习近平同志在全党的核心地位，将习近平新时代中国特色社会主义思想作为进行伟大斗争的思想武器和行动指南，坚决战胜一切在政治、经济、文化、社会领域和自然界出现的各种困难和挑战，不断夺取伟大斗争新胜利。

不为当官

一切向前走，都不能忘记走过的路；走得再远、走到再光辉的未来，也不能忘记走过的过去，不能忘记为什么出发。面向未来，面对挑战，全党同志一定要不忘初心、继续前进。

——**习近平在庆祝中国共产党成立**95**周年大会上的讲话**（2016**年**7**月**1**日**）

俗话说，“千里来当官，为了吃和穿”“当官不发财，请我都不来”。在旧中国，士农工商阶级分明，当官是全社会的最高职业理想。但是，我们党的宗旨是全心全意为人民服务，革命显然不是为了当官。毛泽东曾多次指出，我们共产党人不是要做官，而是要革命；我们的责任，是向人民负责。在这方面，吴玉章堪称全党的楷模。

民国元年（1912年）正月，重庆蜀军政府派吴玉章和杨庶堪，代表四川赴南京参加中华民国临时政府工作。内务部次长居正和秘书长田桐一见到他就说：“可惜你来迟了，各部次长位置已经没有了。内务部的司长参事随你选择一个。”吴玉章说：“我们革命不是为做官，请你们不要提这个。”随后，他们还是给吴玉章送了疆理局（即土地局）局长的任命状来，吴玉章退了回去；他们又送参事的任命状来，吴玉章又退了回去。就在这时，孙中山邀吴玉章到总统府秘书处工作，对他说：“你来得好，现在正要收拾残局，很需你来帮忙。”他欣然应允。那时，“南北和议”将成，总统府秘书处即将撤销，秘书处的人都急于另谋出路，有些甚至跑到袁世凯那里做官去了。只有吴玉章勤勤恳恳地支撑着秘书处的残局。

作为国民党元老，他很早就是“大官”了。1925年，国民党二大时，他是大会秘书长。1926 年他当选为国民党中央执行委员，参与主持军政大计。1927 年，武汉国民政府成立五人行动委员会，吴玉章是委员之一。但是，他在国民党里看不到国家的未来、民族的希望、人民的出路，1925 年，毅然决然地加入了中国共产党，选择了生死难测、充满艰险的新民主主义革命道路，甘愿在革命队伍里做普通的一员。吴玉章勤奋为党工作，展示了多方面的才能，代表党担任过国民参政会参政员，兼任过中共四川省委书记，在中共六届六中全会上当选为中央委员，七大中央委员。北平解放后，他奉命组建中国人民大学。除了曾任中共八大中央委员、第一至三届全国人大常委会委员外，他的职位一直不高。他的部下、朋友想不通，替他感到委屈。他说："干革命不是为了升官发财，我就是丢了国民党的大官不当去干革命的。……只要对革命有利，个人当不当官有什么呢?"

【延伸阅读】

吴玉章放弃国民党中央执行委员这样的"大官"投身革命，为的是"在豺狼遍地的荒野中找到一条光明大道"，始终坚持以革命利益为重，以人民利益为重，从不贪恋官位，并用毕生践行和守护这个革命的初心。《党章》第二条规定：中国共产党党员是中国工人阶级的有共产主义觉悟的先锋战士。中国共产党党员必须全心全意为人民服务，不惜牺牲个人的一切，为实现共产主义奋斗终身。在新的历史条件下，虽然我们党所处的时代环境和所面临的时代课题有了根本变化，但是共产党人的初心永远不能改变。我们要像吴玉章那样不忘初心，保持克己奉公、大公无私的情怀，始终做到甘于奉献、乐于付出，不计较个人得失，不牟取个人私利，不追逐功名利禄，以浩然正气、昂扬锐气涵养自我革命的勇气，为党和人民履职尽责、担当作为。

拒不受官

事业发展永无止境，共产党人的初心永远不能改变。唯有不忘初心，方可告慰历史、告慰先辈，方可赢得民心、赢得时代，方可善作善成、一往无前。

——习近平在瞻仰上海中共一大会址时的讲话（2017 **年** 10 **月** 31 **日**）

什么是初心？初心是一个人最初的理想与信念。随着时间推移，很多人的初心往往会发生变化、消失或者变形。做到不忘初心，继续前进，是任何党员干部都应坚守的人生信条，亦应慎思之、明辨之、笃行之。

1912 年 2 月 13 日，孙中山正式辞去临时大总统的职务，而身为临时总统府秘书的吴玉章亦同时请辞。袁世凯窃取辛亥革命的胜利果实后，随即开始收拾各地的混乱局面。此时，四川军阀不断混战，局面混乱。为了实现四川政令统一，袁世凯计划派吴玉章与朱芾煌返回四川收拾残局。故而在未征求他意见的情况下，即登报任命吴玉章为四川的宣慰使。

吴玉章得知此事后，非常生气，打算立刻向袁世凯请辞。朱芾煌向吴玉章解释说，袁世凯计划派遣他们返回四川，解决四川的混乱局面问题，故而给予宣慰使的名义。对此，吴玉章严正表示："四川是我的家乡，对于家乡的父老何能用这种名义？而且我在南京临时政府秘书处的时候，即已和大家有约，此后绝不任什么官职。"吴玉章认为，一个人如果违背了自己的初衷，总是问心有愧的，且将失信于人，为人所弃。因而，他坚决拒绝袁世凯给的任何官职。

袁世凯深知朱芾煌声望不够，不足以替他完成统一四川的重任，因而想利用吴玉章在四川革命党人中的声望。不得已，袁世凯同意不给吴玉章任何名义，但希望他能随同朱芾煌一起回川，去“慰问”四川人民，并促成四川的统一。吴玉章觉得，促成四川统一，避免生灵涂炭，为桑梓父老做点事情，是一种不可推辞的义务。于是，便答应了袁世凯的要求。

然而，待吴玉章和朱芾煌到达成都之后，发现四川的政治状况远比预想中复杂。成都和重庆的军阀已经握手言和，而时任四川都督胡景伊对吴、朱二人表示排斥，甚至以暗杀相威胁。为此，吴玉章不为所动，利用一切机会为革命党人争取职位。吴的行动引起了袁世凯的惧怕，急忙将他调回北京。吴玉章返京后，很快发生了宋教仁被刺事件。

宋案发生后，孙中山迅速高举反袁大旗，并兴兵讨伐。吴玉章不忘初心，坚决追随孙中山，进而与袁世凯展开了坚决的斗争。

【延伸阅读】

吴玉章面对高官厚禄，坚守自己参加革命的初心，体现了一个革命家不忘初心的可贵品质。靡不有初，鲜克有终。大多数党员干部入党之初、从政之始，都怀揣着为民奉献的满腔热忱。然而，随着时间的推移，身份、环境的变化，他们中的一些人就渐渐忘记了为什么出发，心为物役，在人生的道路上跑偏了，有的甚至还脱了轨。作为新时代党员干部，不管路走多快、走多远，都要反躬自省：“入党是为了什么，工作是为了什么，未来想留下什么。”特别是面对各种利益诱惑和艰难险阻时，要始终保持清醒，不断锤炼党性，随时校准人生的方向，始终行进在光明大道上。

思想嬗变

不忘初心，方得始终。对马克思主义的信仰，对社会主义和共产主义的信念，是共产党人的政治灵魂，是共产党人经受住各种考验的精神支柱。只有理想信念坚定的人，才能始终不渝、百折不挠，不论风吹雨打，不怕千难万险，坚定不移为实现既定目标而奋斗。

——**习近平在纪念朱德同志诞辰** 130 **周年座谈会上的讲话**（2016 **年** 11 **月** 29 **日**）

吴玉章是国民党的元老，位高权重，政治影响很大，为什么后来又成了中共五老之一呢？

1903 年，吴玉章刚到日本，就在东京读到幸德秋水的《社会主义神髓》，“感到这种学说很新鲜”。1913 年，他进入巴黎法科大学，改学政治经济学。目睹第一次世界大战时期帝国主义集团之间“疯狂地屠杀”。资本主义制度的危机暴露无遗，社会主义思潮风起云涌，社会主义书籍中描绘的人人平等、消灭贫富的远大理想大大鼓舞了他。1918 年，吴玉章读到了约翰·里德写的《震动寰球的十日》，了解到苏联已经建立了社会主义国家，俄国人民获得了真正的自由解放，“感到无限兴奋和鼓舞”。革命必须依靠下层人民，必须走俄国人的道路，这种思想在吴玉章头脑中日益强烈、日益明确。

1919 年 10 月，吴玉章被西南军阀排挤，回到四川。这时，他读到了一本日文书《过激派》，并反复阅读，对马克思主义关于工人阶级、无产阶级革命、政权和国家理论等有了许多新认识和新体会。他的民主革命思想开始发生转变。同时，他借助于四川正在兴起的自治运动，成立了“全川自治联合会”，并起草了《全川自治联合会宣言》

和十二条纲领。其中的许多观点摆脱了旧思想的束缚，闪耀着马克思列宁主义思想的光辉。在成都高等师范学校（四川大学前身）担任校长期间，他解救被军阀扣押的马克思主义活动家恽代英并聘其来校任教；发动学生到工厂组织工会，发动罢工；到成都近郊农村组织农会，宣传革命；为了加强组织力量，与杨闇公等组建了“中国青年共产党”，并创办《赤心评论》作为宣传阵地。

1925 年，他在北京遇见他的学生、中国共产党北方区委负责人赵世炎，才知道中国共产党已于 1921 年成立，并经赵世炎和童庸生介绍加入中国共产党，同时提出解散“中国青年共产党”，其成员大多转入中国共产党。那年，他 46 岁，终于找到了值得奉献一生的事业，从一位民主主义者成长为坚定的马克思主义者、伟大的无产阶级革命家。此后，他坚持共产主义道路，为中国人民的解放事业和社会主义建设事业勤勉工作、鞠躬尽瘁，做出了杰出贡献。

【延伸阅读】

吴玉章在旧民主主义革命时期，走在革命最前沿，但他深知这条道路是走不通的。直到他接触了马克思主义理论，才终于找到了放之四海而皆准的革命真理。此后，他以忠贞的信念、顽强的意志，把全部身心都奉献给了党的事业。坚定理想信念，牢记初心使命，人生的奋斗才有更高的思想起点，干事创业才有不竭的精神动力。《中国共产党廉洁自律准则》规定：中国共产党全体党员和各级党员领导干部必须坚定共产主义理想和中国特色社会主义信念。历史和实践反复证明，一名干部有了坚定的理想信念，站位就高了，心胸就开阔了，就能坚持正确政治方向，做到“风雨不动安如山”。今天，我们正处于民族复兴的关键时刻，我们要以习近平新时代中国特色社会主义思想武装头脑、指导实践、推动工作，克服一切困难障碍，战胜一切艰难险阻，勇立潮头、奋勇搏击，在新时代创造新的更大成绩。

新民主主义革命时期

从旧的革命到新的革命，我是不息的，我不肯休息在半途，为民族社会的彻底解放而奋斗。今天在党和毛泽东同志的领导下，本着革命的精神，与老战友携手地完成工作，祝革命的胜利！

——吴玉章

执掌高师

教育兴则国家兴，教育强则国家强。高等教育是一个国家发展水平和发展潜力的重要标志。今天，党和国家事业发展对高等教育的需要，对科学知识和优秀人才的需要，比以往任何时候都更为迫切。

——习近平在北京大学师生座谈会上的讲话（2018 年 5 月 2 日）

成都高等师范学校（四川大学前身，以下简称高师）不仅是四川的最高学府，而且也是西南各省培养中等学校师资的最高学府。1922 年 8 月，成都高师校长因学生发起的教育经费独立运动而被当局免职。在社会各界的推举之下，川军总司令兼临时省长刘成勋决定任命吴玉章为高师校长，并接连函催吴玉章早日到校接办。

9 月，吴玉章正式接任校长后，便明确提出了“崇尚学术，启用新派”的思想，不拘一格，广延名师，聘请了许多学有所长、具有新思想的人任教。他大力整顿教师队伍，提拔了一些留学归来和学有专长的年轻人担任各科主任，让“五四”时期顽固反对新文化运动的少数所谓“蜀学宿儒”淡出学校。同时，狠抓校规校纪建设，制定了完善的规章制度，很快扭转了散漫的风气，革除了落后的封建陋习。定下制度后，吴玉章身体力行，一切经手的事都按规矩办，还坚持经常巡视校风情况，在很短的时间内就使学校面貌焕然一新。

在成都高师期间，吴玉章利用自己独特的身份和地位，以高师为基地，开展革命活动。到校不到两个月，吴玉章就将被无理解聘的四川地区马克思主义先驱王右木续聘回校，使之继续担任经济学和日文教员。当恽代英在泸州川南师范学校被军阀赖心辉扣押后，吴玉章立即去电函保释，并于1923年2月下旬将其聘请到学校担任教育学教员，还让他在大礼堂给学生讲“阶级斗争”。这在当时是四川地区绝无仅有的举动。吴玉章说，恽代英是“最受学生欢迎的教师，他在成都高师时，把马克思主义在四川的宣传活动推向一个更高的阶段”。吴玉章积极关心学生进步社团的活动，为四川全省联合会活动提供方便，支持他们的反帝反封建斗争。1923年6月，成都高师学生举行“争还旅大，废止二十一条游行警告大会”，吴玉章不仅指示学校提供方便，还亲自到会表示支持。军阀借口学生斗殴，传讯并准备逮捕四川全省学生联合会负责人黄代国等，吴玉章以三年级学生实习为名把黄代国等送出省外考察。吴玉章在成都高师培养出了大批革命分子，甚至吴玉章本人，也是由自己的学生、共产党员童庸生和赵世炎的介绍，加入中国共产党的。学生介绍老师入党一事被传为佳话。

1924年2月，军阀杨森占领成都。被北洋军阀委任为四川军务督办后，杨森立即派人接收成都高师。2月下旬，吴玉章交出校务工作，学生群起反对，兴起择师运动。为了学生的学业和安全，他出面劝导学生，平息事态。后因有人告密吴玉章是五一纪念会的主使人，意图组织工农和学生推翻杨森、夺取政权。杨森大怒，扬言要捉拿吴玉章。5月初，在朋友们的苦劝下，吴玉章离开成都。

吴玉章在成都高等师范学校的教育实践中，最根本的经验是适应社会发展需要，把国情和世情结合起来，把成都高师建设成为“大师作范，群士响风”的“西南文化之根芽”，“西南一带传播革命种子的园地”和“进步势力的大本营”。吴玉章在成都高师的治校实践已经成为四川大学治学理念和精神的重要组成部分，被视为一笔极其珍贵的无形财富传承下来。为了永久纪念为学校教育改革开先河的老校长吴玉章，四川大学建立了“拔尖创新人才培养”的荣誉学院——吴玉章学院，将望江校区的一条主干道路命名为玉章路，让吴玉章成为四川大学的千秋师表。

【延伸阅读】

吴玉章是我国杰出的教育家，成都高师校长是他担任的第一个大学校长。他通过大刀阔斧的系列改革，把这所近代大学办成“西南文化之根芽”和“西南进步势力的大本营”。习近平总书记指出：“教育是民族振兴、社会进步的重要基石，是功在当代、利在千秋的德政工程，对提高人民综合素质、促进人的全面发展、增强中华民族创新创造活力、实现中华民族伟大复兴具有决定性意义。”今天，党和国家事业发展对高等教育的需要，对科学知识和优秀人才的需要，比以往任何时候都更为迫切。我们党员干部要切实落实“放管服”要求，尊重教育发展规律，充分发挥学校办学主体作用，充分释放教育事业发展生机活力，大幅减少各类检查、评估、评价，加强对办学方向、标准、质量的规范引导，为学校潜心治校办学创造良好环境。

自亏分家

各级领导干部要保持高尚道德情操和健康生活情趣，严格要求亲属子女，过好亲情关，教育他们树立遵纪守法、艰苦朴素、自食其力的良好观念，明白见利忘义、贪赃枉法都是不道德的事情，要为全社会做表率。

——习近平在会见第一届全国文明家庭代表时的讲话（2016年12月12日）

在吴玉章老家正堂门楣上，至今仍保留着这样一副对联：“荆树有花兄弟乐，书田无税子孙耕”，充分体现了吴家的治家气象。

吴玉章参加革命在外颠沛流离十余年，吴家大小事情全靠兄嫂打理。子孙后辈渐多，家事越发繁杂琐碎，吴家长兄吴匡时已近七十，处理家庭事务有心无力，是该分家了。旧时分家稍有不均，便会争得吵嘴打架、鸡飞狗跳。吴玉章分家也毫无例外地出现了“争吵”。

1923年，吴玉章把两个侄儿吴建中和吴明初请到成都三圣街9号寓所商议分家。简单厘清家产后，吴玉章对两位和自己年龄一般大的侄儿说：“我建议，除蔡家堰坐宅及其左右田土作为蒸常（祭奠先人）的公共产业共同居住以外，其余一百四十二石租谷及土租一百五十钏、稳租三千七百钏按人口来分。”

两个侄儿一听，立马反对：“不行，自古家产都是按户均分，你这个分法与旧俗不符。”吴玉章兄弟三人中，大哥子孙最多，二哥次之，吴玉章的人口最少，只有三口人。如果按照吴玉章提出的按人口均分的分家方案，显然自己十分吃亏。所以，两个侄儿一下子就急了。

“我们不必过于拘泥旧俗嘛，”吴玉章说，“长房、二房人口较多，而且长期以来你们的父母为大家庭作的贡献多。我常年在外，照顾家庭少，理应少分一点。再加上我幺房人口本来就很少，以人口来分配我不算吃亏的。”

两个侄儿并未被说服，一则觉得这样分配对吴玉章一家不公平，二则担心日后其他子孙不服引起矛盾。但吴玉章认为，吴氏家族为耕读世家，所有的子孙后辈应该通情理、知礼让，把先祖们的高风亮节传承下去，他还特意让两个侄儿把老家堂屋中的那副对联背诵出来。随后说道：“这就看子孙贤与不贤了。如子孙肖，必能深刻体会我的意思，而且将发扬光大；如子孙不肖，则虽事事皆从旧习，又岂能避免纷争？何况遗业再多，不肖子孙无独立之志，转瞬即至穷困。因此，我认为多积金钱以遗子孙，不如多积体让之风以传后代。”分家事宜就此议定。

【延伸阅读】

吴玉章主持分家，更多考虑兄嫂利益，宁愿自己小家吃亏，进而强调“多积金钱以遗子孙，不如多积体让之风以传后代”，带头树立了良好家风。《中国共产党廉洁自律准则》第八条规定：“廉洁齐家，自觉带头树立良好家风。”家风好，就能家道兴盛、和顺美满；家风差，难免殃及子孙、贻害社会。新时期，党员干部要做家风建设的表率，把修身、齐家落到实处，并保持高尚道德情操和健康生活情趣，遵纪守法、艰苦朴素、不做任何不道德的事情；要注重家庭、家风、家教，管好家人和亲属，不搞特权，不打着自己的旗号谋私利，计利当计天下利，求名当求万世名。

解散 YC 团

党章是党的总章程，集中体现了党的性质和宗旨、党的理论和路线方针政策、党的重要主张，规定了党的重要制度和体制机制，是全党必须共同遵守的根本行为规范。

——习近平在十八届中共中央政治局召开的会议上发表重要讲话（2012 年 11 月 16 日）

在中国共产党成立前后，与党的上海发起组没有联系的一些先进分子也在独立地酝酿建党。吴玉章、杨闇公等发起成立的“中国青年共产党”就是其中代表之一。

1922 年，吴玉章担任成都高等师范学校校长。他利用同盟会老会员的身份，尽可能地推进新文化、新思潮的发展。他经常派学生深入工人和农民中，分片联系，组织工会和农会，发动罢工。当时，成都经常发生罢工事件。吴玉章的一个老朋友跟他开玩笑说：“只要把吴玉章捉来杀了，罢工就不会发生了。”因为吴玉章和同盟会、国民党的历史关系，更因为当时群众力量的支持，四川反动军阀对他无可奈何。

当宣传和组织工作开展到工人、农民中去以后，成立无产阶级政党的要求也就愈来愈迫切。由于四川地处僻远，消息闭塞，他们当时并不知道中国共产党已经成立。当时，成都高师已有社会主义青年团的组织，但是吴玉章已经四十四岁，当然不能参加。于是，他与杨闇公等二十多人，按照十月革命的原则和模式，仿效俄国布尔什维克的建党原则，草拟建党纲领和章程，秘密组织了“中国青年共产党”，简称 YC 团。YC 团的章程和纲领基本体现了无产阶级政党的本质特征，代表了无产阶级的利益，提出了反帝反封、推翻军阀统治、建立无产阶级专政的根本任务。并发行《赤心评论》，作为机关报。

1925 年 2 月，孙中山先生为召开国民会议赶赴北京，吴玉章前往拜见，但因孙中山病重未受接见，不久孙中山病逝。在北京，吴玉章见到中国共产党北京市委负责人之一赵世炎，才得知中国共产党是完全按照布尔什维克建党原则组织起来的，并且提出了切合中国实际情况的革命纲领，同时已和孙中山领导的国民党建立了革命统一战线。吴玉章非常兴奋，当即决定要加入中国共产党。经赵世炎、童庸生介绍，吴玉章正式加入了中国共产党。

通过对党章的学习，吴玉章了解到，入党程序里没有集体加入的条款，只能以个人名义申请。经反复斟酌，他感到中国 YC 团已无继续存在的必要，决定将其解散，成员可以按照党章规定，以个人名义申请加入共产党组织。四川成都的一些成员一时接受不了，坚持 YC 团集体转入中国共产党。吴玉章坚决反对集体转党的意见。他与赵世炎、李大钊、陈独秀等见面时，只字未提集体转党的事。后来，经过吴玉章、杨闇公、刘愿庵等人耐心地做 YC 团成员的沟通、解释工作，除个别坚持己见者外，大多数人都接受了以个人身份申请加入中国共产党组织的决定。

【延伸阅读】

吴玉章组建 YC 团，倾注了自身崇高的革命理想和对未来革命事业的追求与向往，本身也是作为中国最先进知识分子建立马克思主义政党来领导中国革命的实践之一。当他得知中国共产党已经成立，立即表示加入中国共产党，无条件遵守党章，解散 YC 团，这需要无比的勇气、无比的坚定。习近平总书记指出："认真学习党章、严格遵守党章，是加强党的建设的一项基础性经常性工作，也是全党同志的应尽义务和庄严责任，对强化全党党章意识，增强党的创造力、凝聚力、战斗力具有极为重要的作用。”作为一名合格党员，必须把学习党章当作政治使命、精神追求、生活方式，切实把党章学习好、遵守好、贯彻好、维护好。

整顿国民党

要信念如磐、意志如铁、勇往直前，遇到挫折撑得住，关键时刻顶得住，扛得了重活，打得了硬仗，经得住磨难。

——习近平在全国组织工作会议上的讲话（2018 年 7 月 3 日至 4 日）

面对一个敌我矛盾十分尖锐、各方力量犬牙交错、派系斗争此起彼伏、人民群众茫然无措的混乱局面，如何开展工作，对任何一位领导干部都是极大的考验。而吴玉章交上了一份令人满意的答卷。

1925 年 5 月，他奉中共中央的指示到达上海，见到了时任中共中央总书记陈独秀和秘书长王若飞。党中央考虑到他与孙中山和国民党的深厚历史关系，决定不公开他的共产党员身份，让他继续留在国民党内做统一战线工作。吴玉章认为，基层是联系群众、进行革命活动的最直接最基本的单位，一个革命团体若没有健全的基层组织，就不可能有雄厚的实力和广泛的影响，也不可能有强有力的领导。所以，他很愿意去做基层工作，并希望党中央派他回四川去，把四川的国民党组织整顿好。经过研究，党中央决定派吴玉章先去广州，与国民党中央取得联系，然后再回四川。

这时，四川的国民党组织，正处于分崩离析的状态，内部派系很多，斗争很激烈。8 月 15 日，吴玉章到了重庆，找到重庆国民党负责人黄复生、朱之洪商量，提出整顿国民党的计划。二人听了直摇头，说："现在人家听到政治和党派就头痛，已经参加国民党的不过是挂个名儿，没有参加国民党的，今后也未必肯加入。你的想法倒不错，只怕是白费力气。”吴玉章对他们说：“从前国民党的声誉，虽然被一些政客所玷污，但自从中山先生主张国共合作、实行改组以后，情形就不同了。今后正要我们好好地去整顿。只要我们目标远大，做法正确，群众自然就会拥护我们，国民党的威信也就能够树立起来。”黄复生反问道：“你看这一堆烂摊子，怎样整顿法?”吴玉章说：“第一，要有一个严密的强有力的组织机构；第二，要培养一批效忠革命的干部；第三，要在群众中进行广泛的活动。做到这三件，我们的整顿工作就算成功了。我计划先办一个学校，一方面可以集合和培养一批干部，另一方面也可以作为进行组织和宣传活动的据点。”他们虽然谈了很久，但黄、朱二人始终表示怀疑，没有信心。

吴玉章随即召开国民党四川临时省党部第一次改组会议。在会上，他当仁不让，成为国民党四川临时省执行委员会执委，掌握了省党部组织大权。而后，他旗帜鲜明、大刀阔斧地改组四川国民党组织。他把国民党临时省党部迁到了莲花池新址，然后在重要的市县建立国民党的基层支部。他依靠杨闇公等共产党员发展左派青年，并派出一大批共产党员和青年团员到各地筹建国民党党部，使左派组织在四川各地迅速建立。同时，吴玉章积极扶持国民党左派力量，领导工人、农民、学生运动，使国民党左派在四川势力迅速壮大。

与此同时，吴玉章积极创办中法学校。没有钱，他就把廖仲恺给他的一千元活动经费拿出来，还把自己私人在川江轮船公司的两张股票典当了两千元；没有人，他就联络杨闇公等共产党员、青年团员，大家齐心协力，寻找校址、置办家具、联络教师；没有学生，就招收因闹学潮被开除的进步学生……短短 19 天，中法学校从无到有，各地进步学生蜂拥而来，首期招生就达 200 多人。学校老师如杨闇公、漆南熏、童庸生、赖正生等，全系国民党左派，漆南熏更是著名的经济学家。学校积极宣传马克思主义，呈现出一派勃勃生机的景象，俨然四川革命的大本营。

当初对整顿工作缺乏信心的黄复生见此情形，非常惊奇，说：

"吴玉章的手段真高明，好像有神仙帮助一样。"其实，哪有什么神仙，吴玉章所依靠的是中国共产党组织的领导和群众的支持，再加上他无私奉献、团结群众、顽强不屈、善作善成的可贵品质。

【延伸阅读】

干事创业，不会一帆风顺。吴玉章回川整顿国民党，面临的形势何等复杂，面临的挑战何其艰巨。但他将其作为党的伟大事业，不畏艰险，无惧挑战，出色地完成了任务，使四川这个"烂摊子"成为革命的大本营。当前，我国正处在社会变革和转型时期，各种矛盾相互碰撞，这既为党员干部施展本领提供了机遇，也需要他们勇于面对许多困难和挑战。党员干部不仅要有宽广的胸怀和远大的眼光，还要有坚韧不拔的意志和毅力。要勇于在吃劲岗位、重要岗位"蹲苗"磨炼，乐于在"一张蓝图绘到底"中埋头苦干。对急难险重的工作，既要有敢打敢冲、一箭中靶的精神，也要有矢志如初、奋斗不息的品格，一个一个攻克难点，获得群众认可，经得起实践和历史检验。

拯救国民党

敢于担当，党的干部必须坚持原则、认真负责，面对大是大非敢于亮剑，面对矛盾敢于迎难而上，面对危机敢于挺身而出，面对失误敢于承担责任，面对歪风邪气敢于坚决斗争。

——习近平在全国组织工作会议上的讲话（2013年6月28日）

1925年11月，吴玉章作为出席国民党二大的四川代表到达广州，得知由于右派的阻挠和破坏，原定在11月召开的国民党二大将推迟到次年1月1日。事实上，大会的一切准备工作都还未开始，即使推迟，也根本不能如期召开。

当时国民党右派邹鲁、谢持等西山会议派否定孙中山先生的三大政策，企图在上海另立中央，召开伪二大来和广东国民党政府争夺领导权。如果大会不能召开，就会大大助长西山会议派的气焰，将对革命造成十分严重的后果。

在这个关键时刻，吴玉章立即去找汪精卫，力陈大会召开的重要性。汪精卫一筹莫展，认为廖仲恺被杀，胡汉民出走，西山会议派又极力阻挠，大会恐怕是开不成了。吴玉章生气地说："现在邹鲁等人这样猖狂，他们不但排斥共产党，也排斥广东的国民党，不跟他们斗一斗，怎么成？否则，许多同志流血牺牲换来的这块根据地就要垮台，只怕你这个国民政府主席的位子也坐不住了！"汪精卫唉声叹气说："我也没有办法呀。"吴玉章反驳道："怎么没有办法？快些筹备就有办法了。"接着，吴玉章给汪精卫出主意，让他尽快召开国民党中央执委会会议，部署国民党二大的筹备工作。

与此同时，吴玉章联合杨闇公、廖划平等，以四川省党部代表的名义，向各省区和海外支部发电，指出国民党二大对革命前途关系重大，请他们速派代表到广州参会。12 月 1 日，国民党召开中央执委第一百二十三次会议，任命吴玉章为国民党二大秘书长，负责大会筹备工作。12 月 4 日，吴玉章正式就任，并在当日的国民党中央执委会会议上力排众议，坚持大会必须如期召开，消除了大家筹备不及的顾虑。

吴玉章上任后，立即投入紧张的筹备工作中，他组织一些先期到达的参会代表成立大会筹备组，直接吸纳毛泽东、周恩来、聂荣臻、萧楚女、董必武、林伯渠、恽代英、张太雷等一批共产党员和左派人士为工作人员，并分成若干小组，各司其职，使筹备工作紧张有序进行。而他则亲自主抓大会的材料编写工作，共产党内的重要领导人如毛泽东、陈延年、张太雷等都作为“笔杆子”帮助写材料。

1926 年 1 月 1 日，国民党二大如期举行。到会代表 256 人，其中约有五分之三是共产党员。会议开得很生动、很热烈。大会通过了《接受总理遗嘱决议案》《弹劾西山会议决议案》，重申了三大政策，开除了西山会议派邹鲁、谢持等人的党籍，把孙中山去世后动摇了的国民党的根基稳定了下来。宋庆龄、何香凝专门致电感谢吴玉章，称赞他在危难时刻拯救了国民党，维护了国共两党的革命统一战线。

【延伸阅读】

敢于担当、敢于斗争，是共产党人鲜明的政治品格。在国民党危机四伏、群龙无首的生死关头，在革命受到严重威胁的关键时刻，吴玉章挺身而出，力挽狂澜，组织筹备并如期召开国民党二大，挽救了国民党，也维系了革命统一战线。当前，国内国际环境纷繁复杂，各种问题叠加，各种矛盾凸显，各种思想观念相互激荡，各种利益诉求相互交织，党员干部要像吴玉章那样，有直面问题矛盾的勇气，“在困难面前逞英雄”的豪气，啃硬骨头、挑重担的担当，逢山开路遇水架桥的干劲。要摒弃当“太平官”、过舒坦日子的想法，始终保持共产党人敢于担当、敢于斗争的自觉和胆魄，始终把责任举过头顶，把百姓装在心中，争做敢于担当的一面旗帜，敢于斗争的一个标杆。

力促合作

统一战线是党的事业取得胜利的重要法宝，必须长期坚持。要高举爱国主义、社会主义旗帜，牢牢把握大团结大联合的主题，坚持一致性和多样性统一，找到最大公约数，画出最大同心圆。坚持长期共存、互相监督、肝胆相照、荣辱与共，支持民主党派按照中国特色社会主义参政党要求更好履行职能。

——习近平在中国共产党第十九次全国代表大会上的讲话（2017 年 10 月 18 日）

四川国共合作一开始就充满矛盾斗争，随着革命的深入，共产党、国民党左派同国民党右派争夺领导权的斗争日益尖锐。吴玉章整理党务，四川国民党右派分子采取消极抵制态度，并在暗地里积极策划夺取党务领导权。在吴玉章赴粤参加国民党二大期间，右派执委张赤父与朱叔痴秘密在重庆强行召开省市党部联席会议，作出省党部结束在渝工作并迁往成都的非法决定，企图瓦解破坏吴玉章所主持的以共产党人为核心的国共合作党务机构。在省党部中共党员张克勤、左派国民党人邓劼努力下，右派分子通过迁移省党部以篡夺革命领导权的阴谋未能得逞。

1926 年 1 月，国民党中常委召开会议，专门研究四川西山会议派分子与四川国民党右派分子相勾结，妄图阻挠破坏四川国共合作事宜。在吴玉章的提议下，根据二届一中全会关于彻底改组四川临时省党部的决议，对相关人士进行查处，并指定李筱亭、陈宣三、张克勤、邓懋修补充所缺职务，组成了在吴玉章指导下、以中共党员李筱亭为首的新的国民党四川临时执行委员会。改组后的临时省党部，排除了右派分子在内部的干扰和破坏，四川国共合作统一战线正式建立。

在吴玉章整顿四川党务的同时，黄复生等右派分子也在上海参加完西山会议派召开的伪国民党第二次代表大会回来。他们不甘大权旁落，在重庆另立伪国民党四川省党部，发展伪组织。他们发表言论攻击国共合作，还经常雇佣袍哥流氓打手，到左派省党部门前寻衅滋事。在同国民党右派分子的斗争中，中共重庆地方执委运用正确的策略，扩大左派，争取中间派，孤立分化右派，多次挫败国民党右派的夺权企图。在北伐战争和国民革命不断高涨的形势下，军阀刘湘被迫发布通告，解散伪省党部及其所属组织，同时查封伪省党部的《长江》《江州》《中山》等反动刊物。此后，四川国民党左派省党部领导的各市县组织和民众团体蓬勃发展，工农运动掀起了新的高潮，形势朝着有利于革命统一战线方向发展。

为了进一步巩固统一战线，在吴玉章、杨闇公策划下，国民党四川省代表大会于1926年11月25日在重庆召开，从组织上对国民党右派分子进行彻底查处。大会选出22名执监委和候补执监委，其中中共党员10名。这是按照共产党的路线和方针政策召开的一次成功的大会，会后组织20余万群众参加欢庆游行，声势浩大，在群众中产生了很大影响。在四川国共合作的环境中，在国民党四川省党部中共产党始终保持了强势的话语权，吴玉章为此作出了卓著的贡献。

【延伸阅读】

吴玉章面临着复杂的局面，面对着诸多的尖锐矛盾，仍然沉着冷静地排除万难，力促国共合作，开辟了四川革命新局面。我们党肩负着实现中华民族伟大复兴的历史使命，作为党员干部，关键是要勇于担当负责，积极主动作为，保持斗争精神，敢于直面风险挑战，以坚忍不拔的意志和无私无畏的勇气战胜前进道路上的一切艰难险阻。在实现中华民族伟大复兴的奋斗进程中，面临着诸多困难和挑战，离不开全体中华儿女和国际友人的支持和帮助，由此，我们应该巩固和发展最广泛的爱国统一战线，最大限度团结一切可以团结的力量，为实现中国梦，凝聚人心，汇聚力量！

支撑危局

党的十八大指出，坚持和发展中国特色社会主义是一项长期而艰巨的历史任务，必须准备进行具有许多新的历史特点的伟大斗争。这就告诫全党，要时刻准备应对重大挑战、抵御重大风险、克服重大阻力、解决重大矛盾，坚持和发展中国特色社会主义，坚持和巩固党的领导地位和执政地位，使我们的党、我们的国家、我们的人民永远立于不败之地。

——习近平在庆祝中国共产党成立 95 周年大会上的讲话（2016 年 7 月 1 日）

中国共产党第五次全国代表大会后，武汉地区的形势急剧恶化，反革命活动日益猖獗。面对国民党右派和反动分子的进攻，陈独秀采取妥协投降的政策，放弃对革命统一战线的领导权，放弃对武装力量的领导权。

1927 年 6 月 13 日，陈独秀同意在中共中央机关刊物《向导》上发表《武汉国民政府与共产党》一文，文中公开点名国民党“现在的中央执行委员会，只有余树德、谭平山、吴玉章、恽代英、林祖涵（伯渠）、杨匏安等六个共产党员”。陈的目的，一是说明国民党中执委中共产党员只有几个人，不会影响国民党中央和国民政府的决策，二来想以此表明对国民党的忠心。吴玉章读到这篇文章后，非常生气，觉得“这简直等于告密，给我以后在国民党内的工作增加了极大的困难”。

吴玉章的共产党员身份公开之后，在国民党高层和共同参加辛亥革命的同事中引起了很大的震动，这给他在国民党内的工作带来了极大的困难。虽然处境日艰，且传言何键欲加害于他，但吴玉章仍利用自己中枢要员的身份和与左派要员的友好关系，以及在群众中的声望，努力维持着武汉国民党中枢的正常运转，极力支撑危局。

7 月 14 日，汪精卫召开了秘密的“分共”会议，吴玉章知道宁汉合流已成定局，国共合作即将走到尽头，预感到腥风血雨即将来临，心情十分沉重。夜深人静，酷暑难耐，心中烦闷的吴玉章无心睡眠，在晒台上乘凉。次日凌晨 3 点钟，他发现有四个人背着枪，推开寓所的门进来，一会儿又出去了。吴玉章躲在暗处观察，以为他们走了。谁知几分钟后，这四个人又从后门进来，到电话室里拆了电话，还留书一封说外面风声很紧，要他赶快离开。第二天，中共中央为了保护吴玉章，通知他离开并到武昌集合。但是吴玉章并没有立刻离开。在这种危急时刻，为什么还不走呢？

原来，吴玉章想到，国民党中央党部的印信、账目、文件，都是自己管理的，如果他立刻离开，国民党反动派很有可能制造谣言，污蔑他卷款潜逃，借此破坏我党声誉。此时危机四伏，吴玉章却表现出泰山压顶而不惊的镇定，他决定就是冒险也要到国民党中央党部去办清交接。上午 9 点钟，吴玉章冒着被逮捕的危险，穿过戒备森严的林立岗哨直接走进党部自己的办公室，通知秘书长于普恩到他的办公室，把自己经手的一切都给秘书长和有关人员做了清楚的交代。快到 12 点吴玉章才离开党部，并给汪精卫留下了一封信：“昨晚有武装到寓所迫我速走，所以只得离开。‘分共’完全错误，断送了革命前途。”

当天晚上，吴玉章渡江去武昌。面对郁郁的青山和浩浩的江水，一件又一件往事在他头脑里翻滚。多少共产党员和工农群众出生入死，流血牺牲，才赢得了北伐的胜利。如今革命竟被断送了，胜利的果实被反动派夺去，作为建立新的统治的资本。这是多么沉痛的教训！他恨不得有这么一支大笔，可以蘸满长江之水，把这个教训题铭在青山之巅！

【延伸阅读】

在血雨腥风的战争年代，吴玉章等老一辈无产阶级革命家将个人生死置之度外，敢于斗争、勇于担当，为我们党和国家赢得了胜利、赢得了未来。《关于新形势下党内政治生活的若干准则》中指出：考察识别干部特别是高级干部必须首先看是否坚定不移贯彻党的基本路线。党员、干部特别是高级干部在大是大非面前不能态度暧昧，不能动摇基本政治立场，不能被错误言论所左右。当人民利益受到损害、党和国家形象受到破坏、党的执政地位受到威胁时，要挺身而出、亮明态度，主动坚决开展斗争。当前，社会形势和政治环境十分复杂，党员一定会遇到各种利益和诱惑、挑战和考验，也一定会面临来自各种政治杂音的挑衅，甚至是有些人公开对党的路线污蔑和否定。面对这些情况，党员必须挺身而出、旗帜鲜明地捍卫党的根本立场和党的根本利益，不断巩固党领导和执政的根基，坚决捍卫党的事业和党的形象。

勤学不辍

领导干部应该把学习作为一种追求、一种爱好、一种健康的生活方式，做到好学乐学，如饥似渴地学习，只要坚持下去，必定会积少成多、积沙成塔，积跬步以至千里。

——习近平在庆祝中央党校建校80周年大会上的讲话（2013年3月1日）

吴玉章小时候就读于离家不远的“大才寨”，自幼聪慧过人，深受私塾老师喜欢。1892年，吴玉章随其二哥到闻名蜀中的尊经书院求学。尊经书院是1875年时任四川学政张之洞创办的，培养了一批对四川乃至全国都有影响的人物，对蜀学的振兴起了重要作用，还为维新思想在四川的传播开辟了道路。吴玉章在尊经书院求学的时间虽然很短，但收获很大，特别是学长们议论时政、评价人物，给他留下了极其深刻的印象。后因母亲病故，随二哥一起回家守孝三年。在这段时间，他经常阅读《通鉴辑览》《天（启）崇（祯）百篇》等人物传记和历史书籍，好多精彩的章节他几乎可以背诵下来，由此打下了深厚的史学功底。1898年，吴玉章前往自贡旭川书院求学，在此期间他经常读到二哥寄回的各种维新变法的书刊，并把自己知道的维新理论在同学中不遗余力地传播，因此被称为“时务大家”。后来，他进一步研读康有为的《新学伪经考》《孔子改制考》《大同书》等，还读了严复翻译的《天演论》等西方著作。达尔文的“物竞天择”“优胜劣汰”思想给了他深深的刺激，使他“惊怵于亡国的危险，不得不奋起图存”。

1929年2月，吴玉章进入莫斯科中山大学特别班学习。他与林伯渠、徐特立、何叔衡等一个班。初到莫斯科时，吴玉章连一个俄文字母都不认识。为了更好地了解苏联社会和阅读俄文原著，他下定决心从零开始，把俄语学好。当时，吴玉章已经年过半百，口齿不如年轻人那样灵活，加上四川口音很重，学俄语可以说是困难重重。但他没有被困难吓倒。他说，马克思也是五十岁以后才开始苦学俄语，还取得优异的成绩，自己虽然不敢与马克思相比，但是相信，只要有决心和信心，总会有收获的。这样，他在一位俄语老师的指导下，争分夺秒，朝读夕温，一本本俄语教材在他手里很快就变旧了。他还利用各种场合，向学校的中国翻译和学员请教，练习俄语。一年多后，吴玉章就基本过了俄语的读、写、听、说难关。他的刻苦精神，经常得到教员的好评，经济学教授表扬吴玉章在《资本论》的学习成绩最好。

吴玉章一生都坚持学习。他到八十多岁的时候，还总是刻苦攻读马列著作和毛主席著作。他一有空就看书、看文件。他身边的工作人员怕他劳累，一直劝他早点休息，可是他总是工作、学习到深夜，有时甚至要坚持到下半夜两三点钟。每当身边工作人员劝他早点休息的时候，他就说，时代并不因为我年岁大了就不前进呀！事物时时刻刻在变化，时代时时刻刻在前进。人老了也得学习，了解新事物，这样才能当革命的促进派。如果一个人不学习，不了解新事物，故步自封，就会被历史的火车头甩掉，甚至成为历史的绊脚石。

【延伸阅读】

吴玉章等老一辈无产阶级革命家在十分艰苦的条件下，始终坚持学习，从而找到了救国救民的真理，找到了开启中华民族伟大复兴的正确道路。《党章》第三条规定：党员要认真学习马克思列宁主义、毛泽东思想、邓小平理论、“三个代表”重要思想、科学发展观、习近平新时代中国特色社会主义思想，学习党的路线、方针、政策和决议，学习党的基本知识，学习科学、文化、法律和业务知识，努力提高为人民服务的本领。这是党员必须履行的第一项义务。我们党依靠学习走到今天，也必然要依靠学习走向未来。当今世界，知识快速更新，学习稍有懈怠，就会落伍。在实现两个百年奋斗目标的伟大历史进程中，在履职尽责、干事创业的过程中，我们必须大兴学习之风，坚持学习、学习、再学习。

自请受罚

对批评和自我批评这个武器，我们要大胆使用、经常使用、用够用好，使之成为一种习惯、一种自觉、一种责任，使这个武器越用越灵、越用越有效果。

——习近平在党的十八届六中全会上的讲话（2016 年 10 月 24 日）

吴玉章伟大的人格魅力和高贵的品格，长期受到各阶层人们发自内心的景仰与崇拜，就连他的政治对手也佩服不已。那么，他是否犯过错误，他又如何面对自己的错误呢？

20 世纪 30 年代的苏联，联共（布）党内的斗争日趋激烈和复杂，远东边疆地区的中国托派分子亦相当活跃，他们在学生、工人和干部中宣传托洛茨基的观点，反对党的路线，诽谤斯大林。吴玉章坚决同托派分子及其庇护者作斗争，因而受到他们的指责和控告。

当时远东出版局要吴玉章编一本中文政治教本，他因为手中的工作太多，只收集了斯大林及一些名人的讲演和自己的一些文章，也未特别仔细审阅，就汇编成了一本中文选集。此书出版后，周达文、董亦湘等托派分子向边疆党委控告，说该书存在“很多机会主义错误”。吴玉章得知消息大吃一惊，急忙把书中他们所指的错误拿出来细细检查，发现自己做的文章里果然有一个错误。就是简单说苏联消灭富农，而没有说在农业集体化的基础上来消灭富农。为此，吴玉章花了半个月的时间，进一步学习和研究马克思、列宁、斯大林对有关问题的论述，还严肃认真地写了一篇很长的声明书，提交给党支部。声明无论是他自己的文章还是别人文章的错误，他都愿意完全负责，而且发誓和这些错误作斗争，以保持党的理论的纯洁性，请求党组织给他严重处罚，作为党员不加强理论学习和做事轻率、疏忽的教训。在党支部会上，吴玉章又诚恳地说明了自己的错误，表示不仅要承认错误，改正错误，重要的是还要同它斗争，请党给予处罚。许多同志认为吴玉章对党忠诚老实，敢于正视、承认自己的错误，认识深刻，态度端正，改正及时，不应该受到处罚。最后，林伯渠说，党处分同志的目的就是帮助党员改正错误，吴玉章已经自觉改正错误，就不必给处分了，只需作一决议，嘉勉他改正错误就够了。支部会议最后根据林伯渠的意见作出决议，不但没有处罚他，还对他诚恳地承认错误、深入地研究理论来改正错误的态度表示嘉许。

事情发生后，党员同志不仅没有因为吴玉章犯过错误而轻视他，反而更加信任他、尊敬他，认为他是对党忠诚的模范。对此，吴玉章说："我觉得托派对我这一打击，使我知道了必须加深研究理论及做事不可马虎，这是我要感谢他们的。党员个人的错误就是党的一部分缺点，每个党员无论错误是自己的或是他人的，都应该当作党的错误一样总结改正，万不能因自己之故而加以隐蔽。"

【延伸阅读】

吴玉章是我国杰出的无产阶级革命家、教育家、历史学家、语言文字学家，仍然敢于承认自己犯下的错误，主动要求接受党组织处罚。正是这些老一辈无产阶级革命家高尚的精神品格，铸造了党的先进性和纯洁性。批评与自我批评是我党的三大优良作风之一。《党章》第三条规定：切实开展批评和自我批评，勇于揭露和纠正违反党的原则的言行和工作中的缺点、错误，坚决同消极腐败现象作斗争。《关于新形势下党内政治生活的若干准则》规定：批评和自我批评是我们党强身治病、保持肌体健康的锐利武器，也是加强和规范党内政治生活的重要手段。必须坚持不懈把批评和自我批评这个武器用好。"君子之过也，如日月之食焉：过也，人皆见之；更也，人皆仰之。"作为一个有责任、有担当、有执政自觉的政党，作为一名常怀为民服务之心的中共党员，有错不可怕，贵在知错能改。我们党员、干部必须严于自我解剖，勇于承认错误和不足，对发现的问题要深入剖析原因，认真整改。对待批评要有则改之、无则加勉，不能搞无原则的纷争。

屈身立柜

衡量一名共产党员、一名领导干部是否具有共产主义远大理想，是有客观标准的，那就要看他能否坚持全心全意为人民服务的根本宗旨，能否吃苦在前、享受在后，能否勤奋工作、廉洁奉公，能否为理想而奋不顾身去拼搏、去奋斗、去献出自己的全部精力乃至生命。

——习近平在新进中央委员会的委员、候补委员学习贯彻党的十八大精神研讨班开班式上的讲话（2013 年 1 月 5 日）

“天将降大任于斯人也，必先苦其心志，劳其筋骨，饿其体肤。”能否真正吃苦，是衡量一个人适应能力、干事能力的基本标志之一。1934 年 10 月，红军长征开始后，原中央苏区的机关刊物《红色中华》被迫停刊。为了继续宣传党的政治主张，为广大党员与进步人士指明前进方向，1935 年 5 月 15 日，党中央决定在法国巴黎创办《救国报》（后改为《救国时报》）。《救国报》是中共中央驻共产国际代表团的机关报，也是中国共产党在国外从事抗日民族统一战线宣传的重要阵地。那时，吴玉章已在苏联学习和工作长达 8 年，而且他又曾在法国学习工作了近 3 年时间。这些经历使得他成为办报的最佳人选。1935 年 10 月，吴玉章受党的委派秘密前往法国巴黎领导《救国报》的工作。

出发前，党组织通过关系沟通好了船长，安排吴玉章躲在船长的房间里潜往法国。船上人多嘴杂，为了吴玉章的安全，船长特意将房间四周的门窗关得紧紧的。房间又小又窄、密不透风，使人又闷又躁，每天只有送饭来的时候，门缝能稍稍打开一点，透点风进来。送饭的人也总是送到即走，从不和他多说一句。吴玉章在这间形同牢狱的屋子里简直是度日如年，他特别想找个人说说话，更想到甲板上透透气，但为了党的革命事业，他强忍着憋在这间屋子里。

这样一直住了好几天。一天早上，当轮船即将进入比利时安特卫普港口时，船长急匆匆来到小屋里，告诉他海关要来检查，让他赶快躲起来。吴玉章环顾四周，屋子里什么都没有，躲到哪里呢？船长急中生智，说："屋子里有个立柜，你就干脆躲在里面吧。"为确保安全，船长待吴玉章蹲进去后，还咔嚓一声锁上了立柜，并连房门也锁住了。

柜子里黑暗无光，空气沉闷，吴玉章身材高大，只能侧身蜷缩在里面，不能转身，可把他闷坏了。他想：文天祥靠胸中正气，就能战胜秽气浊气，我吴玉章还怕这点困难吗？不知过了多久，吴玉章听见开门声，几个穿着皮鞋的人走了进来。停了片刻，其中一个人说："没什么，是船长的房间。"随后又听见皮鞋走动的声音，门外开始吵闹起来。吴玉章不知道外面的情形，也不知道他们在闹什么，只能屏住呼吸，一动不动地蜷缩在柜子里，不让自己发出一丝声音。过了很久，吵闹声停止了，一连串杂乱的脚步声渐行渐远，屋子恢复了平静，吴玉章才长长吁了口气。

又不知过了多久，房门再次被打开。吴玉章正疑惑时，柜子的锁"咔嗒"一声被打开了，船长探头进来，望着蜷缩在柜子里的吴玉章，十分抱歉地说："船已经到了安特卫普港，海关的检查也结束了。因为天未黑，所以一直不敢叫你出来。现在天已经黑了，不要紧，你可以走了！"吴玉章在柜子里整整待了一天，手脚都不能动弹，他惊讶地说："怎么？天都黑了吗！"

几经波折终于平安抵达巴黎后，吴玉章立即投身《救国报》的出版发行之中，为宣传抗日和争取建立抗日民族统一战线不遗余力地忘我工作。

【延伸阅读】

“全心全意为人民服务”的宗旨要求共产党人必须不怕吃苦，“不怕吃苦”是共产党人是应有的宝贵品格。吃苦精神贯穿在吴玉章革命的一生中，他对此从不后悔，从无怨言，甚至还以苦为乐。《中国共产党廉洁自律准则》规定，坚持尚俭戒奢，艰苦朴素，勤俭节约；坚持吃苦在前，享受在后，甘于奉献。共产党员苦一点，人民群众才能甜一点。新的时代条件下，随着物质条件的极大改善，党员干部的生活水平和工作条件变得越来越好，但不能因此就认为，不需要艰苦奋斗了、不需要发扬吃苦精神了。相反，条件越好，越需要不怕吃苦的精神，只有如此，才能保持共产党人的本色，才能把党的事业推向前进。

救国时报

要教育引导广大党员、干部把践行中国特色社会主义共同理想和坚定共产主义远大理想统一起来，做到虔诚而执着、至信而深厚。有了坚定的理想信念，站位就高了，眼界就宽了，心胸就开阔了，就能坚持正确政治方向，在胜利和顺境时不骄傲不急躁，在困难和逆境时不消沉不动摇，经受住各种风险和困难考验，自觉抵御各种腐朽思想的侵蚀，永葆共产党人政治本色。

——习近平在新进中央委员会的委员、候补委员学习贯彻党的十八大精神研讨班开班式上的讲话（2013 年 1 月 5 日）

为了进一步宣传党的政治主张，号召全国人民及海外华侨参与到全民抗战中来，1935 年 10 月，中国驻共产国际代表团决定派吴玉章去巴黎，负责《救国报》出版发行工作。

《救国报》从创刊以来就受到海内外同胞的大力支持和欢迎，但是却被南京国民政府视为眼中钉。在南京国民政府的压力下，法国当局突然发出“停止邮寄《救国报》”通知，《救国报》不得已停刊。吴玉章抵达巴黎后，首要任务就是恢复该报的出版发行。

停刊，吴玉章是不能接受的。他凭借熟悉的环境和人脉，秘密联系巴黎的法国共产党负责同志，询问可否通过起诉的手段争取复刊。法国共产党负责的同志告诉吴玉章，这不是什么法律问题，而是政治问题，起诉和抗议都无济于事。但是，法国政府向来标榜言论、出版自由，可以把报头的汉字和法文稍加修改（保持大意相同），仍可继续出版。吴玉章听后，立即请示中共驻莫斯科国际代表团，建议将报纸名称改为《救国时报》，并很快得到代表团同意。经过一个月努力，

1935年12月9日，《救国时报》在法国共产党的帮助下，又以合法方式绕过政治暗礁出版了。编辑部设在莫斯科，印刷、发行部均设在巴黎，在莫斯科编好的稿子，邮寄到巴黎后排字印刷，然后寄送到各订户及经销处。

《救国时报》从创刊之日起，“即以宣传、解释、鼓动、组织抗日救国联合战线为己任”，号召全国人民“争取民主、实现全面抗战”。吴玉章领导《救国时报》工作，其中一项重要任务就是扩大报纸发行量。报纸原由莫斯科印刷厂排字、校对，打成纸型后空运到巴黎。然而，飞机受气候影响时常停飞、延期，纸型常不能按时递送，导致报纸脱期，减少了发行量。为此，吴玉章通过陈云帮助，几经周折在国内买了一套汉字铜模运到巴黎，并建立了中文排字车间，解决了排版印刷问题，满足了国内外所需的发行量。

扩大发行量后，吴玉章又面临资金难题。吴玉章为此多次举办募捐活动，得到社会各界和广大读者大力支持，收到各类捐款6000余法郎，时任东北抗联第一军军长杨靖宇还曾亲自给《救国时报》写信并寄送全体官兵捐款1300元（中华民国货币）。

在发行过程中，报纸经常遭到法国政府的检查和南京国民政府的封锁，投寄困难。吴玉章与报社的同志们通过各种办法解决困难，利用当时已被查封的《新生周刊》的订户名单及住址来寄递《救国时报》，使报纸得以在国内外流传。

由于《救国时报》顺应了世界反法西斯斗争和国内抗日救亡运动的潮流，受到海内外同胞欢迎，发展极为迅速，很快由周刊改为五日刊、三日刊，发行量由5000份增加到2万份，国内就有1万余份。不仅在北京、上海、广州、重庆等大城市，就是在西南地区的西康省（今雅安等地）、西北的新疆等边远地区和一些小县城也有读者，而且几乎每份报纸都有许多读者传阅。它在国外发行的范围遍及43个国家，拥有9600多个订户。

《救国时报》从1935年12月9日创刊到1938年2月10日停刊，

共出版发行152期。通过该报的宣传和工作，中国共产党的威信大大提高，影响不断扩大。中国共产党关于国共合作、建立抗日民族统一战线的主张，得到了包括爱国的国民党人在内的海内外各界人士的赞赏。同时，还对加强与欧洲各国共产党员之间的联系，协调力量促使抗日民族统一战线的形成和扩大发挥了重要作用。吴玉章及其领导的《救国时报》卓有成效的工作，也是中国共产党为建立抗日民族统一战线而进行的斗争不可分割的组成部分。

【延伸阅读】

吴玉章因为具有卓越的领导才能，熟悉法国情况，精通法语，被派往巴黎领导《救国报》工作。面临的环境十分复杂，处境十分危险，任务十分艰巨。但他凭借着对党的理想信念的无比坚定，克服难以想象的重重困难，不仅让《救国时报》横空出世，更是破天荒地开辟出党的海内外宣传的新天地，为抗日民族统一战线的形成作出了不可磨灭的贡献。“理想信念是精神之钙。”《党章》规定，党的各级领导干部必须信念坚定、为民服务、勤政务实、敢于担当、清正廉洁。中国共产党从诞生之日起，就把马克思主义写在自己的旗帜上，把实现共产主义确立为最高理想信念。在我们党九十多年的历史中，无数共产党人不惜流血牺牲，靠的就是这种信仰，为的就是这个理想信念。任何一名在党旗下宣过誓的共产党员都必须铭记，为了理想信念，就应该去拼搏、去奋斗、去献出全部精力乃至生命。

拒绝“归队”

我们共产党人的根本，就是对马克思主义的信仰，对共产主义和社会主义的信念，对党和人民的忠诚。立根固本，就是要坚定这份信仰、坚定这份信念、坚定这份忠诚，只有在立根固本上下足了功夫，才会有强大的免疫力和抵抗力。

——习近平在中央政治局第二十六次集体学习会上的讲话（2015 年 9 月 11 日）

1938 年 4 月，吴玉章作为一位国际知名的爱国主义者和政治活动家回国，向《新华日报》记者表示将“为民族的解放，为国家的独立而战争、而奋斗到最后一滴血”。随后，吴玉章被中共中央派往八路军驻武汉办事处从事抗日民族统一战线工作，并被选为第一届国民参政会参政员。

在全国抗战初期，蒋介石集团仍顽固坚持一党专政，力图通过合作来“溶化”和取消中国共产党。6 月 3 日，国民党中央监察委员会在第十四次常委会上通过恢复陈其瑗等 26 人国民党党籍一案。在这 26 人中，有中共领导人周恩来、林祖涵（伯渠）、吴玉章、毛泽东、董用威（必武）、邓颖超、叶剑英 7 人，这是国民党“溶共”的一次试探。吴玉章等中共七人联名发表《紧急声明》，对所谓“恢复党籍”一事“不能承认”。

同年 8 月，吴玉章离开武汉去延安参加中国共产党六届六中全会，并当选为中共中央委员。不久，国民党政府迁都重庆，召开第二次参政会，吴玉章随即飞赴重庆，继续参加参政会的斗争。

12 月 12 日，蒋介石亲自出马、别有用心地约吴玉章、董必武等人去其官邸“恳谈”。蒋介石很客气，力劝大家到国民党去做强有力的骨干，为国家民族共同努力，叫嚷“不必要共产党”。吴玉章对蒋介石说，现在世界上固然有只要一个党的强国，如苏联的布尔什维克和德国的纳粹，但也有各党并存的强国，如英、美、法等国。蒋急忙打断吴玉章话头说，他党可以并存，共产党不能并存。未等吴玉章回话，蒋接着又有点生气地说，如不取消共产党，死也不瞑目。此话一出，其灭亡共产党之心昭然若揭。

蒋介石随后又转身特别面向吴玉章连吹带拍地说：“你是老同盟会，国民党的老前辈，还是回到国民党来吧。”吴玉章接过蒋的话，带着平静而有力的语气回答：“我相信共产党是相信马列主义社会科学的真理，深知只有共产主义才是社会发展的正确道路，不能动摇，如果‘二三其德’，毫无气节，你也会看不起吧！”

蒋介石想凭借他国民党最高领导人的身份，来劝说吴玉章“归队”。对于意志不坚定的人来说，可能会受宠若惊。但于表面看起来文质彬彬，实则信念无比坚定、内心十分强大的吴玉章来说，则毫无作用，反而自讨没趣。蒋介石在吴玉章面前碰了壁，只好怏怏地送客。吴玉章他们走后，蒋感到和吴玉章他们的谈话有些不妥，就派人于当天晚上到吴玉章的住处打圆场说，委员长他太直率，并非说不合并就要分裂，请不要误会。吴玉章听后，只是淡淡一笑。

【延伸阅读】

对党忠诚、永不叛党，是党章对党员的基本要求。吴玉章用实际行动践行了对党忠贞不渝、永不叛党的誓言。毛泽东、刘伯承、陈毅等无产阶级革命家赞扬吴玉章“无役不从”，“颠沛流离，艰苦备尝，始终不变”，他一生信仰马克思主义，忠诚于党、忠诚于党的革命事业，不改初衷，不二三其德，理想之光不灭，信念之光不灭。《党章》中入党誓词规定“对党忠诚，积极工作，为共产主义奋斗终身，随时准备为党和人民牺牲一切，永不叛党”。对党忠诚，不是抽象的而是具体的，不是有条件的而是无条件的，必须体现到对党的信仰的忠诚上，必须体现到对党组织的忠诚上，必须体现到对党的理论和路线方针政策的忠诚上。只有每一位党员都对党忠诚，才能凝聚为全党无比强大的力量，才能保证党的先进性和纯洁性。

公款勿动

作风问题，很多是因公私关系没有摆正产生的。作风问题有的看起来不大，几顿饭，几杯酒，几张卡，但都与公私问题有联系，都与公款、公权有关系。公款姓公，一分一厘都不能乱花；公权为民，一丝一毫都不能私用。领导干部必须时刻清楚这一点，做到公私分明、克己奉公、严格自律。

——习近平在第十八届中央纪律检查委员会第三次全体会议上的讲话（2014 年 1 月 14 日）

吴玉章一生不吸烟，不喝酒，不打牌，甚至连茶都很少喝，生活非常简朴。可是，有一次，多年在外的吴玉章一回到家，就要倾其所有，大张旗鼓地请客，这是为什么呢？

1938 年 6 月 21 日，吴玉章回到阔别 14 年的家乡。一回家，吴玉章就提出，要办几桌酒席招待亲朋和乡亲，一来亲人久别重逢，自然要热闹一番；二来感谢父老乡亲多年来对自己家庭的照拂；更重要的是，他要借机向大家宣传抗战，鼓励家乡人民支持抗战，发动家乡子弟投身抗战。请客本来是情理之中的事情，但是吴玉章长年在外革命，对家中经济并无贡献，加上大哥、二哥、女婿、侄儿先后为革命牺牲，妻子游丙莲在家中既要照顾兄嫂，又要帮着女儿抚养 6 个外孙，生活十分艰难。巧妇难为无米之炊，对于吴玉章的这个想法，游丙莲有些为难地说：“玉章，请客倒是可以，钱呢？”

“丙莲，你看这是什么？”吴玉章拍拍自己鼓鼓囊囊的上衣口袋，笑嘻嘻地说。

“钱！”游丙莲喜出望外，“这下可好了！”

“丙莲，这钱我不能给你！这是公家的钱，咱可一分都不能动啊！”吴玉章收起笑容，一本正经地说，“请客的事，还得夫人想办法呢！”

游丙莲沉吟了半晌，对吴玉章说：“咱们在家里走走吧，看看能寻摸些什么东西来请客。”

夫妻俩围着家里走了一圈，也没找到什么吃的，最后在谷仓里找到一点谷子。吴玉章十分高兴，决定将谷子碾出来熬点粥招待客人。

从谷仓出来，两人不知不觉来到屋后的猪圈旁。吴玉章一眼瞥见一头半大的肥猪正在猪圈里摇头晃脑拱食吃，心里乐开了花。游丙莲见状，立马拉住吴玉章的手说：“玉章，你可不能打它的主意啊！这可是我养的过年猪，家里再穷，过年也得让孩子们吃上一顿肉吧，全家十几口都眼巴巴望着它呢！再说，它现在还没长大呢！”

听妻子这么一说，吴玉章的眼眶一下红了。自己几十年奔波在外，从未替妻子分担过养家糊口的重担，好不容易回一趟家，还要杀妻子含辛茹苦养的猪来请客，在孩子们的牙缝里抢肉吃，这个外公做得也真是太混了。可是不杀猪怎么请客呢？他兜里虽然揣着大把的钱，但那都是公家的，一分一厘都动不得呀！

“夫人，你看这公家的钱不能用，家里也拿不出东西招待客人，实在是没有办法啊！要不，咱们提前过年吧?!”吴玉章咬咬牙，小心翼翼地问。

游丙莲一听，眼泪啪啪地往下掉。她知道吴玉章献身革命，过的是朝不保夕的日子，上次一别 14 年，这次一走，还不知今生能否相见呢。一头猪，和夫妻的情分比起来，和家人团聚比起来，算得了什么呢？再说，过年本来就是家人团聚，现在一家人团聚了，也算是过年吧。

于是，夫妻俩高高兴兴杀了这头还未长大的猪，请亲朋好友热热闹闹地过了一个特别的“早年”。

【延伸阅读】

《中国共产党廉洁自律准则》规定：坚持公私分明，先公后私，克己奉公。《中国共产党纪律处分条例》第八十五条规定：党员干部必须正确行使人民赋予的权力，清正廉洁，反对任何滥用职权、谋求私利的行为。公款姓公，一分一厘不能乱花，这个道理在吴玉章的眼中简单浅显而又不容置疑。但总有一些党员干部自我放纵、公私不分，错误地以为“自己的是自己的，公家的还是自己的”，从人情往来最细微的地方开始疏忽，从最无伤大雅的小节处慢慢滑坡，从最不经意的瞬间开始松懈，渐渐变得贪心不足，渴望将手中的权力变现，来满足自己无穷无尽的私欲，最终走上一条“不归路”。公权为民，一丝一毫都不能私用，党员干部手中行使的权力，承载着人民的信任和嘱托，唯有公私分明、严守底线，莫让所谓的欲望蒙蔽头脑，谨小慎微、严格自律，才不负自己的职责和使命。

动员抗战

无论是正面战场还是敌后战场，无论是直接参战还是后方支援，所有投身中国人民抗日战争中的人们，都是抗战英雄，都是民族英雄。

——习近平在颁发“中国人民抗日战争胜利70周年”纪念章仪式上的讲话（2015年9月2日）

荣县是辛亥首义之地，打响了辛亥革命的第一枪，具有光荣的革命传统。但在抗战初期，荣县人民却对抗战知之甚少，不太愿意把子弟送到抗日前线，甚至有的还要求把已经入伍的子弟送回来。就在这种情况下，1938年6月21日，吴玉章回到了家乡荣县。

回家的当天，吴玉章在双石桥的群众欢迎会上作了讲演，宣传抗日。为了向更多群众宣传抗日，第二天，他又在家里办酒席请客。开席前，他站上高凳子，慷慨激昂地向大家讲抗日民族统一战线的前途及世界反法西斯阵线的力量，讲苏联社会主义建设的胜利及其帮助中国抗日的真诚。他批评了国民政府抓壮丁及绳捆索绑的野蛮做法，批评国民政府官员的大肆贪污。他信心百倍、坚定不移地说：抗日必胜，日寇必败。号召大家团结起来，打倒日本帝国主义。

第三天，吴玉章急行40里来到县城，向社会各界宣传“抗日必胜，日寇必败”的道理。他在群众大会上，大讲西班牙青年如何英勇抗战，国际志愿兵的精神如何高贵，极力鼓励青年参加民族战争。有些不了解时政的农民找他向当官的求情，把儿子从抗日军队里弄回来。吴玉章耐心地向他们讲解打日寇的道理：“我们的抗日战争是为了不当亡国奴，是为了世界和平，是正义的。如果大家都讲困难，不愿把自己的亲人送去打仗，抗战怎能胜利呢?”“我不但不能为你们要回子弟，我还要劝你们未去当兵而有力可出的，多多去当志愿兵。”他又对那些怕牺牲的人说：“为国出力，为正义而战，牺牲了也是光荣的。”在他的宣传和鼓励下，荣县青年抗日热情高涨，很快就有2000多人志愿参军抗日。后来，荣县成为四川省志愿兵最多的县份之一。

【延伸阅读】

在吴玉章等人的影响下，荣县人民为抗战作出了巨大贡献。八年全面抗战，四川征兵77万余人，而荣县参军的爱国青年达48568人。这些爱国青年，为了保家卫国，不惜抛妻子，别父母，义无反顾地奔赴抗日前线，不少人负伤身残，不少人为国献身。据不完全统计，1937年至1944年，荣县有563名抗日将士为国捐躯。《党章》中规定，党员的一项重要义务就是为了保护国家和人民的利益，在一切困难和危险的时刻挺身而出，英勇斗争，不怕牺牲。在新的历史时期，我们每一个党员干部都要正确处理好个人利益与党和国家利益的关系，坚定不移地贯彻执行党的基本路线，爱党、爱国、爱社会主义，不做有损党和国家形象的事，时时将党和国家利益放在第一位，自觉做到个人利益服务党和国家利益，敢于同一切损害党和国家利益的行为作斗争，敢于为维护党和国家利益牺牲个人的一切利益。

密联群众

历史和现实都告诉我们，密切联系群众，是党的性质和宗旨的体现，是中国共产党区别于其他政党的显著标志，也是党发展壮大的重要原因；能否保持党同人民群众的血肉联系，决定着党的事业的成败。

——习近平在党的群众路线教育实践活动工作会议上的讲话（2013 **年** 6 **月** 18 **日**）

保持党的先进性和纯洁性、巩固党的执政基础和执政地位，究竟靠什么？最重要的就是要靠坚持党的群众路线，密切联系群众。正所谓“得众则得国，失众则失国”，人民拥护和支持是党执政的最牢固根基，人心向背关系党的生死存亡。

1939 年 11 月 15 日，回到延安征尘未洗的吴玉章就被任命为鲁迅艺术文学院院长。为了不辜负党中央的重托和鲁艺全体师生员工的期望，久病初愈的吴玉章带着严重脱肛的病情，经常骑着毛驴或乘坐马车，不辞辛劳地到桥儿沟鲁艺去了解情况。他深入到学员的教室、宿舍、食堂和教员的办公室了解教学和生活情况，征求大家对鲁艺各项工作的意见建议。后来，为了推广新文字教育，扫除文盲，吴玉章不仅亲力亲为，成立文字改革团体积极在群众中普及知识；还被选为陕甘宁边区新文字改革运动的主管领导，同时负责教育和培养年轻干部的工作。除了忙工作以外，无论是单位和群众请他写文章或是作报告，他总是有求必应，毫不拖沓。在吴玉章教育下，一些脱盲的妇女和小姑娘，踊跃给他写慰问信，他也总是忙里抽空写回信，鼓励大家读书识字。

1940 年 12 月初，吴玉章积劳成疾，重病住院。延安各界军民忧心如焚，纷纷前往探视。不仅中央领导同志前来慰问，老战友们更是多次来访，医科大学的学生甚至主动要求为敬爱的吴老输血，经过校方再三劝阻方才作罢。在医护人员的精心治疗下，吴玉章卧病一月后，身体逐渐好转。延安青年们得知吴玉章康复的消息后，更是奔走相告，轮番前来看望。有一次，四川的邹风平和甘崇同志前来探望，吴玉章的侄孙吴本清担心影响他的休息，就把他们挡在门外。吴玉章知道后，把吴本清狠狠地批评了一顿，面带愠色地说："我虽然病了，但有两件事是可以办，也是每天必须办的。一是看报，二是接近群众。不看报不接近群众，岂不成了瞎子和聋子了吗?"

吴玉章在工作和生活中，从没有高高在上的心态，始终与人民群众站在一起。在他的心里，每时每刻装的都是人民群众，想的都是如何为人民群众服好务。他的思想感情完全植根于人民群众之中，赢得了人民群众的真心爱戴和尊敬。

【延伸阅读】

吴玉章在工作与生活中始终坚持群众路线，展现了他作为无产阶级革命家的高尚品质，永远值得我们怀念和学习。《党章》规定：党员必须密切联系群众，向群众宣传党的主张，遇事同群众商量，及时向党反映群众的意见和要求，维护群众的正当利益。当前，面对世情、国情、党情的深刻变化，个别领导干部面临着精神懈怠、脱离群众的危险，工作中存在着官僚主义、形式主义的不良之风。党员干部对此要高度警醒，要时刻把群众的冷暖安危放在心上，为群众诚心诚意办实事，尽心竭力解难题。自觉深入基层、深入群众，真正深入社区和企业走访群众、开展调研，面对面与群众真心交谈，真正察民情、听民意、聚民智、解民忧。切实为群众办实事、办好事，不断提升人民群众的幸福感、获得感。

鼓励创作

文艺工作者应该牢记，创作是自己的中心任务，作品是自己的立身之本，要静下心来、精益求精搞创作，把最好的精神食粮奉献给人民。

——习近平在文艺工作座谈会上的讲话（2014 年 10 月 15 日）

1938 年 4 月 10 日，鲁迅艺术学院（1940 年改称鲁迅艺术文学院，简称“鲁艺”）在延安正式成立，这是一所中国共产党创办的综合性艺术学院。创立之初，副院长沙可夫负责全面工作，但没有院长。那么，谁来担任这个院长才合适呢？

1939 年 11 月 15 日，吴玉章回到延安之后，就被中共中央任命为鲁艺院长。到了鲁艺后，吴玉章观看了鲁艺、抗大等单位联合排演的话剧《日出》的预演，提出鲁艺应当自己创作话剧。

在“七七事变”之后，延安成为抗日民主活动的政治中心，爱国民主人士和全国人民所瞩目的地方，特别是进步青年向往的“圣地”。吴玉章、徐特立和妇委“三八”筹备会的同志们商量之后，想要把第一位女革命家秋瑾的事迹广泛宣传，鼓舞女性追求解放和进步。吴玉章找来鲁艺学员颜一烟等人到他的窑洞里，全面介绍秋瑾的革命事迹。吴玉章当年与秋瑾一同在日本留学，又同是同盟会会员，他对秋瑾的事迹非常熟悉，对秋瑾作出精辟的评价：“文而不弱，勇而有谋，有革命精神，有社会经验；疾恶如仇，至死不屈，是民族英雄，是女子模范！”为了让颜一烟更好地开展创作，吴玉章特地把她从桥儿沟接到杨家岭做自己的邻居，无论工作多忙，每天都抽出时间跟颜一烟谈材料。颜一烟回忆道："吴老几乎是每天询问我写作的进展情况。我写一场，他老人家听一场，逐字逐句帮助斟酌修改。还关心我的生活，常叫人给我送笔、送吃的东西。"

有一晚，颜一烟正在开夜车赶写剧本，忽然一个小同志推门进来，在她桌子上放一个洋铁做的小盆，里面放着一个馒头、一块肉。延安的伙食都不好，颜一烟看见有肉高兴地拿起来就吃，边吃边说："咦，这是什么肉？骨头怎么这么细？猪骨头怎么细得跟针似的？"小同志哈哈大笑："这是人家从延河里捉来送给吴老的，吴老叫慰问你，这不是猪肉，是鱼。哈哈哈！"

在吴玉章的关怀、帮助下，话剧《秋瑾》很快就完成了创作、排练。1940 年三八妇女节，四幕话剧《秋瑾》在延安举办了首场演出，邓颖超特意赶到会场致开幕词，祝贺《秋瑾》演出成功。此后，话剧《秋瑾》在延安等地进行了多场演出，取得了广泛热烈的反响。

【延伸阅读】

文艺事业是党和人民的重要事业，文艺战线是党和人民的重要战线。在吴玉章领导下，鲁艺为党培养输送了数以万计的各类文艺干部，创作了诸如《白毛女》《南泥湾》《黄河大合唱》等一大批极富影响力的作品，活跃了敌后抗日根据地军民的文化生活，振奋了中国军民的抗战热情，为抗日战争的胜利作出了积极贡献，并对中国现代文学艺术产生了深远的影响。《党章》中规定，中国共产党领导人民发展社会主义先进文化。大力发展教育、科学、文化事业，推动中华优秀传统文化创造性转化、创新性发展，继承革命文化，发展社会主义先进文化，提高国家文化软实力。在建设文化强国的今天，我们要尊重文艺工作者的创作个性和创造性劳动，政治上充分信任，创作上热情支持，营造有利于文艺创作的良好环境。要诚心诚意同文艺工作者交朋友，关心他们的工作和生活，倾听他们心声和心愿，鼓励他们创作出无愧于时代、无愧于人民、无愧于民族的优秀作品。

不怕吃苦

在实现中华民族伟大复兴的新征程上，必然会有艰巨繁重的任务，必然会有艰难险阻甚至惊涛骇浪，特别需要我们发扬艰苦奋斗精神。

——习近平在纪念五四运动100周年大会上的讲话（2019年5月1日）

古语有云："艰难困苦，玉汝于成。"实现伟大的理想，没有平坦的大道可走。没有艰辛就不是真正的奋斗，我们要勇于在艰苦奋斗中净化灵魂、磨砺意志、坚定信念。

1940年前后，吴玉章抵达延安之际，国民党政府正在实行严密经济封锁，不允许运一斤粮、一寸布进入边区，试图用物质匮乏来挫败共产党人的革命意志。边区正面临着严重的经济困难，在这样的情况下，吴玉章的生活也十分清苦，而且患上了重病，他的侄孙吴本清就在他身边照料。吴本清整理他的东西时，发现他没有几件好衣裳，只有一件中山装和黑色老羊皮大衣称得上体面，剩下的都是些破旧不堪的土布衣服。延安的冬天寒冷难耐，吴玉章只穿了双用破布包起来的草鞋。吴本清提出，把实在太破的衣服撕了用来打草鞋，可吴玉章把那些破衣服看了又看说："补一补，还可以穿。"吴本清只好作罢，把这些破衣服又补了一遍。

吴玉章虽然对自己和身边的亲人都严加要求，但对于遇到困难的同志，则及时伸出援手。有一天，荣县老乡黄才焯来见吴玉章，向他反映学习没有钢笔的情况。吴玉章听后，立马掏出5元钱资助他买笔。吴本清见状，也鼓起勇气，向吴玉章央求道："幺公，我也想要5

元钱去买双棉鞋。”吴玉章听完，首先批评了吴本清先想自己、不顾他人的错误，然后耐心地向他说明，边区政府正面临着经济上的困难，无法向同志们提供棉鞋布袜。同时还问吴本清：“其他同志都穿上棉鞋了吗？没有！”吴本清听后，颇感羞愧，连忙低头认错。吴玉章看到吴本清认错态度端正，又怜惜他被冻伤溃烂的双脚，心头一软，便答应给他买一双棉鞋。后来，吴玉章还嘱咐吴本清说：“你必须记住，革命就是要有艰苦奋斗的精神。干革命必须具备三个心：一是决心，二是虚心，三是恒心。没有决心什么也办不好，没有虚心的态度什么也学不到，没有恒心什么事情也办不到。”说罢，便掏出钱让吴本清赶快去买棉鞋。

【延伸阅读】

吴玉章不仅自己始终保持艰苦朴素的作风，对亲人也是严格要求，充分体现了无产阶级革命家的崇高品质。《党章》规定，党员必须贯彻执行党的基本路线和各项方针、政策，带头参加改革开放和社会主义现代化建设，带动群众为经济发展和社会进步艰苦奋斗，在生产、工作、学习和社会生活中起先锋模范作用。中国共产党由弱变强，中国革命、建设和改革事业不断走向一个又一个的胜利，靠的就是艰苦奋斗的精神和作风。迈进新时代，我们每名党员干部都要保持艰苦朴素的作风，保持共产党员的朴素之美，坚守艰苦奋斗的精神高地，常想“一粥一饭，当思来之不易；半丝半缕，恒念物力维艰”，自觉做到不比穿戴比内在、不比收入比奉献、不比待遇比觉悟，以自身的实际行动传承和弘扬艰苦朴素的优良作风。

钟爱一生

尊老爱幼、妻贤夫安，母慈子孝、兄友弟恭，耕读传家、勤俭持家，知书达礼、遵纪守法，家和万事兴等中华民族传统家庭美德，铭记在中国人的心灵中，融入中国人的血脉中，是支撑中华民族生生不息、薪火相传的重要精神力量，是家庭文明建设的宝贵精神财富。

——**习近平在会见第一届全国文明家庭代表时的讲话**（2016 年 12 月 12 日）

现代人在婚姻上经常提到“七年之痒”，认为结婚久了，新鲜感丧失，情感的疲惫或厌倦使婚姻进入了“瓶颈”。事实上，如何对待爱情、如何对待婚姻，体现着一个人的价值观以及道德品行。尽管吴玉章早年秉承“父母之命，媒妁之言”，与妻子游丙莲按照封建旧式婚俗结为连理，但他一生始终洁身自好，一心一意守护着与结发妻子的婚姻。

吴玉章 8 岁时就按照封建旧制定亲，18 岁成亲。婚后 6 年，吴玉章便离妻别子，东渡日本求学，踏上漫漫革命征途。夫妻二人从此天涯相望，聚少离多。民国初年，新旧思潮交互碰撞，摆脱封建婚姻枷锁，追求婚姻自由，成为那个时代人们与封建遗毒决裂、追求思想进步的标志之一。在这种思想影响下，谢觉哉、董必武、林伯渠等都纷纷找到了新的革命伴侣。被誉为“民族魂”的伟大的无产阶级文学家、思想家和革命家鲁迅，也离开了结发妻子朱安，娶了思想进步的学生许广平。

迈出小山村的吴玉章，足迹远至日本、法国、苏联，海外学习工作长达 20 多年。他追随孙中山、讨伐袁世凯、整顿国民党、宣传马列主义、加入中国共产党，始终走在时代发展的最前沿；他意气风发、英俊潇洒、能言会道，走到哪里都是众人注视的焦点，自然会引来不少年轻女子脉脉含情的目光。许多人都以为思想上追求进步、在革命中走在前面的吴玉章，一定会离妻再娶，找个志同道合的女子结成革命夫妻。然而事实却是，不管何时、身处何地，吴玉章都始终洁身自好，一心一意守护着与结发妻子游丙莲的旧式婚姻。

对于发妻，吴玉章一直心怀感激，他说自己从事革命，无暇顾及家庭，全仗妻子为他养儿育女，扶持家庭，不愧贤妻良母的典型。古人尚且知道“贫贱之交不可忘，糟糠之妻不下堂”，我吴玉章怎么能忍心辜负她呢？更重要的是，吴玉章深切同情封建旧式婚姻中女子所受苦痛，他把自己的妻子看作旧中国千千万万饱受旧道德桎梏的女子中的一分子，决意用自己对婚姻的忠贞去影响感化身边的人，争取让更多包办婚姻中的女子免遭被抛弃的悲惨命运。1946 年，游丙莲在荣县乡下因病去世。时值蒋介石悍然发动全面内战之际，国家危亡、百姓流离，吴玉章为革命朝夕奔波、殚精竭虑，根本无法抽身回家送亡妻最后一程。夜深人静之时，他难以入睡，翻身起床，眼含泪花，怀着无限的深情奋笔疾书，一气呵成地写下了一篇情切切、意深深的祭文《哭吾妻游丙莲》，以寄托对妻子的无限感激、深切怀念和深情告慰。

吴玉章结婚以后，妻子游丙莲一直占据着他感情生活的全部空间，吴玉章以马克思和列宁的婚姻为榜样，感恩之心也不允许他做对不起爱妻的事。他说：“我从十八岁结婚以后，真正同居不到五年，到日本留学以来，少则八九年回家一次，多则十四五年回家一次，我是对得起我的妻子的。我之所以这样做，第一，是因为我既从事革命，不能顾及家庭。我有一儿一女，家里又穷，全仗她为我教养儿女。我在日本留学时，家曾断炊数日，终赖她勤俭得以使儿女长成。古人说：‘贫贱之交不可忘，糟糠之妻不下堂’，何忍负之?! 第二，乡里贫贱之人一到都市，或稍有地位，则狂嫖滥赌，抛弃妻子，另纳新人，往往使可怜的原配孤苦伶仃或饮恨而死，为世诟病。我为挽救此种恶风气，以免青年人受到家庭的阻碍而不让其远行，故以身作则，以塞顽固者之借口。到了我相信共产主义，并听到以共妻来诬蔑共产党以后，我更以共产党的道德，坚强我的操守，以打破敌人无稽的谰言。第三，真正要以共产主义打破人压迫人的制度，除了消灭财产私有而外，还有男子压迫女子、欺负女子的问题。这是一个道德问题，这是数千年习惯的问题，不是空言解放女子、男女平等就可以转移风气，必须有一种坚忍不变、人所难能的毅力以移风易俗才会有效。”妻子游内莲离去后，整整20年，吴玉章始终孑然一身，从未续弦再娶，始终守候着两人之间的真挚感情，直至生命最后一息。

【延伸阅读】

作为中国革命最进步最有觉悟的老战士，吴玉章却用一生守护着旧式婚姻，坚守忠贞爱情的底线，因为他知道自己是一名共产党员，想以个人的苦痛来结束旧的道德，过渡到新的道德，使它发扬光大，成为符合共产主义的道德。吴玉章以革命家的胸怀，在婚姻道德上树立了一个光辉的榜样。《关于新形势下党内政治生活的若干准则》规定：“领导干部特别是高级干部必须注重家庭、家教、家风，教育管理好亲属和身边工作人员。”对党员干部来说，能否正确处理家庭关系，也是衡量其政治上是否可靠的标准。要自觉学习传承老一辈革命家的优良传统，不断涵养浩然正气，自觉远离贪欲之念，用自身修养和言传身教影响家庭，树立良好家风。特别是必须在欲望面前守住底线，不能因一时之快而放弃思想防线，将“责任”“声誉”“党性”抛之脑后，这样只会导致舆论的谴责甚至党纪国法的严惩。

新华日报

面对新形势新挑战，要发扬斗争精神，既要敢于斗争，又要善于斗争，在事关中国特色社会主义前途命运的大是大非问题上坚定不移，在改革发展稳定工作中敢于碰硬，在全面从严治党上敢于动硬，在维护国家核心利益上敢于针锋相对，不在困难面前低头，不在挑战面前退缩，不拿原则做交易，不在任何压力下吞下损害中华民族根本利益的苦果。

——习近平在中央政治局民主生活会上的讲话（2016 年 12 月 26 日）

1946 年 5 月，中共代表团由重庆迁往南京，在重庆设立驻渝联络办事处，南方局领导下的《新华日报》仍留在重庆联络处，由吴玉章直接领导。在吴玉章领导下，《新华日报》着重揭露蒋介石的内战阴谋，抨击其反共反人民的罪行，传播革命胜利的消息，提高人民政治觉悟，像一把尖刀插在敌人心上。1947 年年初，国民党蒋介石集团在军事战线和政治战线上都打了败仗。反动派对《新华日报》更加痛恨，随时都想除之而后快，全体工作人员面临着生死考验。

2 月 28 日凌晨 3 时，国民党反动派派出军警百余人，突然包围了中共重庆联络办事处——曾家岩二十三号。一阵猛烈的打门声把吴玉章等从睡梦中惊醒。一时间，荷枪实弹的军警特务极端无礼地冲进大门，翻箱倒柜，到处搜查，形同盗匪。军警们声称：为“保护”你们的安全，要你们撤退。一位处长进入吴玉章的卧室，递给吴玉章一封孙元良要他在 3 月 5 日前撤退的函件。吴玉章当即声明：“我党驻京、沪、渝的联络处，是你们政府允许设立的，非有你们政府的明文和我党中央的命令，我们一定要坚守我们的岗位，不能撤退。”吴玉章最担心的是同志们的安全，立即下楼查看，还好大家都安在。

一时间，联络处成了一个临时的集中营，数十名军警和许多便衣特务来来去去，四处逡巡。吴玉章等人坚持共产党人的立场，表示没有接到上级命令坚决不撤退。吴玉章心想："早年参加革命，即已不顾一切，现在偌大年纪，尚有何可惜……"想着想着，他眼前有时浮现出邹容烈士的形象，有时候又出现杨闇公同志的形象，更加坚定了斗争到底的决心。

第二天10点左右，孙元良亲自到场，又把前一晚的公文内容复述了一次。吴玉章就自己的立场、《新华日报》同志们的安全问题与之进行了沟通，但仍然没有改变被监视居住的现状。吴玉章为了激励同志们的斗争情绪，就开始讲述先烈们可歌可泣的革命事迹。不仅自己的同志们凝神谛听，有感奋而泣下者，就连来监视的国民党士兵（大部分都是青年学生出身），也都慢慢地围拢来听。

3月1日晚，美国驻重庆副领事布德到曾家岩会见吴玉章，送来董必武给吴玉章的电报："中央已同意留渝人员撤退。"布德称，美国将在3月5日、6日派出两架飞机送中共人员回延安。吴玉章最担心敌人采取"分割"的办法，以便途中尤其在西安谋害同志们，提出："两架飞机怎么能载得下？必须至少添四架，我一定要同大家一起回去，否则我绝不走！"

3月8日，孙元良和一位连长同吴玉章坐在一辆小汽车里，他俩一左一右夹住他"护送"到机场。吴玉章到了机场一看只有两架飞机，一下子就着急了，非常生气，坚决不走。经过了解，得知另外三架飞机确实因为气候原因没有到，第二天一定会到，吴玉章这才登上飞机。

第二天，同志们也都安全、胜利地回到了延安。至此，《新华日报》全员安全撤离。

【延伸阅读】

伟大的斗争精神是马克思主义者的宝贵品格，是中国共产党人鲜明的政治品格和优良的革命传统，也是我们前进道路上不能丢掉的精神武器。吴玉章用几十年的奋斗不息的精神谱写了一部活的中国革命史。面对敌人，他从不妥协；面对困难，他从不退却；面对挫折，他从不泄气。《党章》中提出，中国共产党领导全国各族人民，统揽伟大斗争、伟大工程、伟大事业、伟大梦想。今天，我们进行的具有许多新的历史特点的伟大斗争，是中国共产党人以巨大政治勇气和智慧，以战略谋划和科学举措，夺取中国特色社会主义事业新胜利的总体战和攻坚战。这场伟大斗争的艰巨复杂程度超乎寻常、世所罕见，给我们党带来的严峻考验前所未有。党员干部必须继承和弘扬伟大的斗争精神，以非凡的政治勇气、高度的理论清醒、顽强的斗争精神、高强的斗争本领，赢得这场具有许多新的历史特点的伟大斗争。

人民之子

各级领导干部要时刻把群众的安危冷暖放在心上，多想想困难群众，多想想贫困地区，多做一些雪中送炭、急人之困的工作，少做些锦上添花、花上垒花的虚功。

——习近平在第十八届中央纪律检查委员会第二次全体会议上的讲话（2013 年 1 月 22 日）

对于大部分人来说，如果接到一封陌生的信件，写信人自称是收信人的已不在世的亲属，肯定都会意识到是遇到骗子了。70 多年前，吴玉章也收到了一封自称是“吴玉章父亲”的信，然而吴玉章却“将错就错”，给这位素昧平生的“父亲”写起了回信，称其为“人民的父亲”，并寄去了 3000 元法币资助他的生活。

1945 年抗战胜利后，党中央决定成立中共四川省委，周恩来同志在记者招待会上宣布吴玉章为四川省委书记。次年夏天，吴玉章收到一封来信，拆开一看忽然笑起来：“我活了这么大岁数，现在居然钻出个父亲来了！”原来这封河南农民的来信开头四字就是：“玉章吾儿！”很显然这位农民是认错人了，可吴玉章越看表情越凝重，最后眉头深锁。

原来这是一封求援信。这位农民的儿子也叫“吴玉章”，被抓壮丁后杳无音信。家中失去了主要劳动力，又死了耕牛，加之日军扫荡、苛捐杂税、连年灾荒，生存难以为继。抗日胜利后，他们听说重庆《新华日报》登了吴玉章当了大官的消息，这才托人写信要求赶快寄钱回家维持生活。

当时重庆政治斗争异常尖锐，吴玉章作为中共四川省委书记常常工作到很晚。对于一位患有疾病的六十多岁的老人来说，每天高强度的工作让他更加疲累。像处理群众来信这种“小事”，完全可以交给秘书去做，可吴玉章仿佛看到了那位神情悲苦的老人充满渴望的目光。于是，他在深夜强撑起疲惫的身体，给这一位素昧平生的“父亲”写起了回信，称他为“人民的父亲”，信中写道：

“通过重庆《新华日报》转来的信已收到了。请不要生气，因为你们找到的这个吴玉章已经68岁了，实在不是你们的儿子，请你们不要悲伤，不要着急……”“我虽然不是你们的儿子，但我是个共产党员，是人民的儿子，而共产党人是全心全意为人民服务的，群众有困难我们就要想办法。你们为抗日胜利作出了贡献，我应该感谢你们。我相信只要避免内战，实现和平建国，你们的儿子是可能找到的，老百姓的生活是会渐渐好起来的……”

吴玉章在回信的同时，还从拮据的生活费中挤出3000元法币寄给了这位素不相识的老人，并告知了党在河南的一个办事地点，便于他们以后求助。给这两位素不相识的老人汇去的3000元，以购物水平折算，大约相当于现在的100元，在那时是相当大的一笔款子了。

【延伸阅读】

吴玉章没有对错认自己为儿子的农民来信置之不理，而是充满责任、饱含深情地认真回信，帮助其解决实际困难。境界之高、情怀之深，至今依然令人敬仰不已。《党章》规定，中国共产党党员必须全心全意为人民服务，不惜牺牲个人的一切，为实现共产主义奋斗终身。习近平总书记提出“我们要坚持党的群众路线，坚持人民主体地位，时刻把群众安危冷暖放在心上，及时准确了解群众所思、所盼、所忧、所急，把群众工作做实、做深、做细、做透”。坚持群众路线、坚持群众立场，党和人民群众的关系就会更加密切，党的执政地位就会更加牢固。

为民做事

真抓才能攻坚克难，实干才能梦想成真。我们要在全社会大力弘扬真抓实干、埋头苦干的良好风尚。各级领导干部要带头发扬劳模精神，出实策、鼓实劲、办实事，不图虚名，不务虚功，坚决反对干部群众反映强烈的形式主义、官僚主义、享乐主义和奢靡之风“四风”，以身作则带领群众把各项工作落到实处。

——习近平在同全国劳动模范代表座谈时的讲话（2013 年 4 月 28 日）

在传统社会中，成名之后富贵还乡、光耀门楣是一件极为荣耀的事情。70 多年前，在国共两党中已是声名显赫的吴玉章回乡演讲，与乡亲们分享了自己对“做大官与做大事”的认识，让更多的人认识到了共产党人只为广大人民群众谋利益的本质。

1946 年 2 月，吴玉章出席重庆政治协商会议后，回到家乡荣县看望家人。乡邻看见共产党人吴玉章回来了非常高兴，听闻他要在辛亥革命烈士罗叔明墓的迁葬仪式上作公开演讲，都争先恐后地到双溪书阁。仪式设在县城北门的双溪书阁，当天到场的有老同盟会员赖君奇、国民党政府县长刘觉民，以及部分共产党员、民盟盟员、国民党左中右各派上层人物、各界的进步人士和部分进步学生，加上自发参加的乡邻百姓，共有 2000 余人。

演讲台设置在“忠烈祠”前，吴玉章先是坐在藤椅上讲，神态昂扬、振奋人心：“我们抗战胜利了！但这不是最终目标，我们要继续团结奋斗，把中国建设成一个独立、自由、民主、富强的新中国……”当时也没有话筒，全凭口头传声，吴玉章洪亮有力的声音传遍全场，听众们听得入神专注。

二月的天依然寒冷，但吴玉章讲得热血沸腾，68 岁的他径直站了起来，与乡亲们分享了自己对“做大官与做大事”的理解。他笑说：“过去经常听到一些人说某某家有人在外面干大事，也有人说我在共产党内干大事做大官，这话不对。我只是在为人民工作。”他认真说道：“做大官与做大事是两码事，本来做大官的人应该做大事才对，但一些做大官的人不一定会做大事，做大事的人也不尽是大官。我提倡做大事，做有益于人民的事。”吴玉章把道理掰碎了讲给乡亲们：“一些人为什么总想做大官呢？我想他们是看到一些做官的人掌握权力之后，就利欲熏心、贪赃枉法，忘乎所以、为所欲为，不顾人民、只顾自己，这是贪官，贪官污吏是不会长久的，必定会受到人民群众的清算与惩治。”

吴玉章继续讲道：“我提倡做大事，并不反对大家做有益于人民的小事。做大事，也必须从点点滴滴的小事做起。好比我们荣县，就有许许多多的事情需要我们去做。我县自然资源丰富、开发潜力大，比如拥斯茫水这条河，建造些水力发电站多好啊！发电站建成以后，可以利用电力提灌、照明、开动机器等，这岂不是为人民做了一件很好的大事吗？不管是谁，只要你肯为人民做有益的事情，人民群众是永远不会忘记你的！你就会永远受到人民群众的尊重！”

演讲结束，全场人员自发起立鼓掌叫好，掌声响彻云霄。

【延伸阅读】

吴玉章一生始终立志做大事，而不是做大官，把自己定位在当好人民公仆上，把精力放在干事上。《党章》规定：党员要贯彻执行党的基本路线和各项方针、政策，带头参加改革开放和社会主义现代化建设，带动群众为经济发展和社会进步艰苦奋斗，在生产、工作、学习和社会生活中起先锋模范作用。作为党员干部，应坚决摒弃“官本位”的错误思想，无论大事、小事，都要坚持为人民做实事、做好事，人民对美好生活的向往，就是党员的奋斗目标！

社会主义建设时期

三十多年来，中国人民在中国共产党及其伟大领袖毛泽东同志的领导下，不仅取得了民主革命的伟大胜利，而且取得了社会主义革命和社会主义建设的伟大胜利，并将为在中国建设社会主义社会和实现共产主义理想而奋斗到底。这是可以告慰于先烈们的。

——吴玉章

特殊衬衫

面对纷繁复杂的社会现实，党员干部特别是领导干部务必把加强道德修养作为十分重要的人生必修课，自觉从中华优秀传统文化中汲取营养，老老实实向人民群众学习，时时处处见贤思齐，以严格标准加强自律、接受他律，努力以道德的力量去赢得人心、赢得事业成就。

——**习近平在河南考察时的讲话**（2014 年 5 月 9 日）

如何成为一名优秀的党员干部？除了自身专业能力和知识水平过硬以外，还要有良好的综合素养。其中重要的一点就是关心体贴下属，这不仅是党员干部领导能力的体现，更是心怀群众的具体体现。

20 世纪 50 年代的一个夏天，吴玉章突然叫秘书王宗伯陪他上街逛百货公司。吴玉章从来不逛街，更不要说去逛百货公司了，这令王宗伯十分惊讶，但他不便多问，只得与吴玉章同去。一路上，两个人未做任何停留，径直到了百货公司。当走到卖衬衣的货架时，吴玉章终于停下脚步，专心致志看起衬衣来。吴玉章一件一件认真仔细地看，一边看一边询问售货员衣服的材料和尺码。最终，他看中了一件天蓝色的，拿在手里一边爱不释手地抚摸，一边不住地点头。王宗伯感到很不解，这么鲜艳的颜色哪能适合老人家穿呢！他轻轻拉了拉吴玉章的衣袖，小声提醒道："吴老，还是买白色的好。""天蓝色又年轻又朝气，就这个颜色好！来，宗伯，你试试看。"吴玉章轻声说道。

王宗伯感到莫名其妙了，心想：吴老买衣服，怎么自己不试，要我帮他试呢？但既是吴玉章的要求，自然是不好拒绝的。衣服换好后，吴玉章前前后后仔仔细细看了几遍，又伸手把有褶皱的地方拉平，然后点点头，满意地对售货员说："这件好，就这件吧！"

回到家里，吴玉章把王宗伯叫到跟前，和蔼地说："宗伯，你这个孩子，母亲病了也不告诉我，我还是听工作人员说起，才知道你母亲病了。刚买的这件衬衣，是我特意给你准备的，穿上它回家去看看吧，让你母亲看了高兴高兴。"王宗伯这才明白吴玉章为什么执意要买天蓝色的，还要自己替他试衣服，原来这是吴老为自己回家去探望生病的母亲而特意准备的啊。吴老细心周到的关爱，让王宗伯一时感动得说不出话来！

在吴玉章的再三催促下，王宗伯告假回了家。一进院门，就看见母亲在院子里忙来忙去，哪有半点生病的样子。母亲见了儿子，又惊又喜，问："儿啊，你都寄钱回来给我看病了，咋又回来了呢？你看我身体都好了呢！"寄钱?！王宗伯是丈二和尚摸不着头脑，自己什么时候寄过钱呢？母亲拍拍儿子脑袋，嗔怪道："前几天就收到了，整整一百元呢。"王宗伯一听，知道是吴玉章偷偷给自己家里寄了钱，一时哽咽，止不住滚下了热泪。

【延伸阅读】

吴玉章平易近人，主动关心下属，真心对待下属，把群众的困难放在自己的心坎上。这种优良品格值得党员干部学习。不忘初心，牢记使命，意味着党员同志要坚定不移践行党的宗旨，妥善处理好干群关系。党员干部要更多地体谅、支持身边的同志，真正成为他们的"娘家人""贴心人"，关键时刻为他们遮风挡雨、说公道话。

联系实际

时代是思想之母，实践是理论之源。实践发展永无止境，我们认识真理、进行理论创新就永无止境。

——**习近平在中国共产党成立九十五周年大会上的讲话**（2016 **年** 7 **月** 1 **日**）

为什么我们党始终强调理论联系实际？无论是在革命、建设还是改革时期，正是我们党始终坚持把理论与中国实际相结合，才从胜利走向新的胜利。然而，在现实中，部分党员干部不仅没有将理论与实际相结合，甚至认为“讲理论是耍嘴皮子，做好工作还得靠实干”，习惯按照老办法、老经验干工作，往往会陷入片面化的泥潭。

1950 年，吴玉章担任人民大学的校长后，把大量精力放在了教师队伍的建设上，尤其看重教师教学的方式方法。为了更好地了解教师的授课情况，他不仅会定期去旁听，还会与同学们进行课后交流，了解他们对知识的掌握情况。最后再和任课教师进行沟通，提出自己的意见和想法。

有一次，吴玉章照例来旁听教师讲课，讲的是空想社会主义。课后，授课教师心怀忐忑地来到吴玉章身边，想听听他的意见。吴玉章在短暂的寒暄过后，便转入正题。他首先肯定了教师的教学水平，认为他的确下了很大功夫来研究，但在课程内容上还需改进。他说：“你讲的都是国外的，没有提到中国的情况。其实，我们中国也有不少空想社会主义者，就在旧民主主义革命时期，大家寻找中国出路的时候，产生了一些空想社会主义者，伟大领袖毛泽东同志就曾经是一名空想社会主义者。”吴玉章强调，讲课不能只讲书本的、理论的，也不能光讲外国人，不讲中国人的事情。教育一定要联系实际，一定要结合中国的实际来讲。不仅如此，吴玉章还让这名教师在讲课前一定要弄清学生对知识的了解程度，然后再结合中国的实际国情，更加有针对性地进行授课。这位教师听完后，深受教育，并在以后的授课中改进了自己的教学方式。

吴玉章不仅自己坚持理论联系实际的理念，还把这种教育理念推广到实际教学之中。在这种教育理念的影响下，中国人民大学为新中国建设培养了一批又一批理论联系实际的人才。

【延伸阅读】

吴玉章强调教学要与学生的知识水平相匹配，授课内容要中西并包，体现了他坚持理论与实际结合的优良作风。《党章》规定，党的思想路线是一切从实际出发，理论联系实际，实事求是，在实践中检验真理和发展真理。全党必须坚持这条思想路线，积极探索，大胆试验，开拓创新，创造性地开展工作，不断研究新情况，总结新经验，解决新问题，在实践中丰富和发展马克思主义，推进马克思主义中国化。作为党员领导干部，在制定政策、推进工作中首先要了解实际、掌握实情，最重要的是要清醒认识和准确把握我国社会主义初级阶段的基本国情。坚持问题导向，注重调查研究，认真听取意见，深入分析问题，全面掌握情况。

关爱青年

各级党委和政府要充分信任青年、热情关心青年、严格要求青年，为青年驰骋思想打开更浩瀚的天空，为青年实践创新搭建更广阔的舞台，为青年塑造人生提供更丰富的机会，为青年建功立业创造更有利的条件。各级领导干部要关注青年愿望、帮助青年发展、支持青年创业，做青年朋友的知心人，做青年工作的热心人。

——**习近平同各界优秀青年代表座谈时的讲话**（2013 年 5 月 4 日）

人们常把青年比作初升红日，最富朝气；比作奇花初胎，最具光芒；比作奔涌激流，最有力量。然而，青年在成长过程中，也难免有各种各样的迷茫和困惑，最需要行之有效和形式多样的正面引导。吴玉章长期植根教坛，在引导青年健康成长方面，为后辈们树立了光辉榜样。

1950 年，新中国“第一所新型的正规大学”中国人民大学成立，吴玉章担任校长。他在任期间，十分重视工农干部的培养，认为工农干部有丰富的实际斗争经验、政策理论水平、组织领导能力，但是需要加强对文化知识和业务能力的继续教育。为使文化水平较差的工农干部达到学校标准，在他的主持下，中国人民大学开办了以基础性教育为主的工农速成中学。

当时，年仅 18 岁的全国劳动模范、人大代表郝建秀同志就这样进入了速成中学，成为这个班年纪最小的学生。郝建秀是青岛人，13 岁进厂当工人，不到 16 岁就摸索出改进整个纺织业技术的“细纱工作法”。劳动上的一把好手，但在学习上遇上了大难题：只上过一年小学，文化基础很差，要在四年学完六年中学课程，郝建秀根本无法跟上学习进度。虽然好强的郝建秀不服输，昼夜不舍、分秒不停地学习，但成绩依旧没有起色。郝建秀很气馁也很不安，内心做起了激烈斗争，想要放弃学习，回工厂工作。

正当郝建秀犹豫焦灼的时候，吴玉章校长请她到家里做客。那是一个星期天的上午，吴玉章很高兴见到速成中学最小的学生，首先转达了总理的问候，并很细致地关心了她的学习生活。吴玉章说："你的文化基础差，困难肯定不少，有什么困难尽管提出来，不要客气嘛，我们都能帮助你解决的。开始困难多一些，不要紧、别着急，以后逐渐走上正轨就好了。"了解到她学习遇到困难，吴玉章鼓励道："我相信你一定能学好的！你不仅要好好学习，同时还要注意身体，要积极参加体育锻炼。将来掌握了文化科学知识，还要有健康的体魄，这样才能为国家建设做出更大贡献。"

这次到校长家做客，让郝建秀重拾学习的信心和决心。学校也在吴玉章的建议下，充分考虑学生原有的学习基础，指派有经验的老师给他们重点辅导。在吴玉章的关怀和郝建秀自身努力下，她的学习生活逐步走上正轨。1958 年，郝建秀顺利毕业，同年考入华东纺织工学院。

【延伸阅读】

吴玉章身体力行关注青年、关心青年、关爱青年，以校长的身份倾听青年学生的需求，引导青年学生成长成才。习近平总书记强调："我们要悉心教育青年、引导青年，做青年群众的引路人。青年要顺利成长成才，就像幼苗需要精心培育，该培土时就要培土，该浇水时就要浇水，该施肥时就要施肥，该打药时就要打药，该整枝时就要整枝。"青年兴则国家兴，青年强则国家强，一个重视青年的国家，未来才充满希望。作为党员干部，必须要做好青年工作、带好青年党员，做青年的贴心人，做青年的示范者。

拼音方案

一个国家文化的魅力、一个民族的凝聚力主要通过语言表达和传递。掌握一种语言就是掌握了通往一国文化的钥匙。

——习近平在柏林同德国汉学家、孔子学院教师代表和学习汉语的学生代表就加强中德语言文化交流的座谈会上的讲话（2014 年 3 月 29 日）

我们大部分人从小就学习汉语拼音，汉语拼音输入法也成为目前汉字输入的主要方式。这种科学、方便、实用的语言文字工具，为我国经济和社会生活的现代化、信息化提供了极大便利。然而，我们再也熟悉不过的汉语拼音到底是谁主持制定的呢？这一切都要归功于吴玉章。

20 世纪 50 年代，吴玉章曾担任文字改革委员会主任，推动文字改革工作，其中包括《汉语拼音方案》的制定。他首先在中国人民大学幼儿园选择几个班作为汉语拼音的“试验田”，让班上的孩子试学。他亲自到幼儿园听孩子们读书，检验《汉语拼音方案》的效果。据人民大学经济学院第一届毕业生、著名经济学家孙光德女士回忆，她的第二个孩子所在的班正好是“实验班”。由于学了汉语拼音，孩子 5 岁多就能阅读许多带拼音的儿童读物，还常常兴奋地对孙光德说：“妈妈，我给你讲故事。”而他哥哥，都六七岁了，还拿着手里的书，追着孙光德，让妈妈给他讲故事。哥哥比弟弟大两岁，因为没赶上学汉语拼音，启蒙的时间比弟弟晚了许多。

如今，汉语拼音已经在全国全面推广，孩子们六七岁时，普遍能够借助拼音阅读各类读物，增长知识，提升智力。外国人在拼音的帮助下学习汉语，也容易多了、快多了。可以说，《汉语拼音方案》的科学性和实用性远胜于历史上的任何一个语言方案。汉语拼音的普及，惠及我国亿万子孙，对中国教育、文化事业的发展以及国际交流都产生了深远影响。而这正是吴玉章这位“一辈子做好事”的老革命家作出的又一不可磨灭的伟大功绩。

【延伸阅读】

吴玉章制定的《汉语拼音方案》使得汉语拼音成为识读汉字、学习普通话、培养和提高阅读及写作能力的重要工具，为我国扫除文盲、普及教育、发展科技、提高信息化水平作出了重要贡献，在社会主义现代化建设中发挥了无可替代的积极作用。《党章》规定，中国共产党领导人民发展社会主义先进文化。作为新时代党员干部，就是要进一步坚定文化自信，坚持发展社会主义先进文化，建设社会主义文化强国，不断提升国家文化软实力和中华文化影响力。

胸襟博大

加强党性修养，严于律己、宽以待人，正确对待组织，正确对待同志，正确对待自己，正确对待权力，积极践行社会主义核心价值观，为党和人民事业赤诚奉献，以身作则推动营造风清气正的党风、政风和社会风气。

——习近平在纪念邓小平同志诞辰110周年座谈会上的讲话（2014年8月20日）

中外历史上，绝大多数政权在取得胜利之后，都会对功臣们论功行赏、加官晋爵。以吴玉章的资深革命经历，完全可以去做一个“大官”。事实上，吴玉章先生不仅放弃了国民党给予的“大官”，而且在加入中国共产党后，也是立志“做大事”，而非想着“做大官”，展现了共产党人的崇高追求和博大胸襟。

1949年9月21日至9月30日，中国人民政治协商会议第一届全体会议在北平举行。会后，有些在战争年代立下战功的同志对会议上的工作安排十分不满，认为自己为革命出生入死，但是在任命副主席、副总理、部长人选的时候，却让民主人士跑到了前头。6位副主席，民主人士就占了3位。这些同志思想上一时想不通，就找到吴玉章发牢骚，大吐苦水。

吴玉章听了这些埋怨后，一边好言宽慰这些同志，一边给他们讲民主人士的功劳和作用，讲共产党人应该有什么样的政治胸襟。吴玉章首先纠正了他们认为民主人士“无功而受禄”的错误观念，他细细讲述了沈钧儒、宋庆龄、李济深等人为革命事业作出的贡献，解开了他们的心结。然后又语重心长地强调说：“干革命不是为了升官发财，我要是想升官发财，就不会跑到共产党的队伍里来了。当年我抛弃了国民党的大官不当去干革命的时候，就坚定了不做大官、要做大事的信念，只要是对革命、对人民有利的事就是大事。现在我们党打下天下，这是很光荣的，但管天下就一定要有天下一家的思想，一切要看对革命有利不利，不要只从某个政党、某个个人的小利出发。只要对革命有利，个人当官不当官有什么呢?”

听完吴玉章的话，这些同志纷纷面露愧色，表示自己之前确实存在思想上的错误，胸中的苦闷也一扫而空，更增添了对吴老的敬佩之情。

【延伸阅读】

吴玉章不管在哪个岗位上，始终拥有十分博大的胸怀和很强的全局观念，特别善于团结同志，特别善于做统战工作，为党员干部起到了很好的示范作用。《党章》第三十六条规定：坚持和维护党的民主集中制，有民主作风，有全局观念，善于团结同志，包括团结同自己有不同意见的同志一道工作。作为新时代党员干部，要善于发现和挖掘身边每一位同志身上的优点、长处和工作中出现的闪光点，并谦虚而认真地加以学习和借鉴。同时，还要胸有雅量，宽容其存在的缺点和问题，帮助他们认识缺点、发现问题，并采取积极的措施逐步加以改正。

垂老请缨

历史告诉我们，革命理想高于天，人民军队之所以能够攻坚克难、战无不胜、发展壮大，关键是人民军队有马克思主义理论武装，有崇高理想信念，有为理想信念而英勇献身的崇高追求。崇高理想信念是人民军队勇往直前的精神力量，是全军将士心中熊熊燃烧的火炬。

——**习近平在庆祝中国人民解放军建军90周年大会上的讲话**（2017年8月1日）

俗话说，“人到七十古来稀”。现代绝大多数古稀之年的人，已经回家安度晚年，尽享儿孙绕膝的天伦之乐了。然而，吴玉章在年近七十之时，依旧向毛泽东主动请缨杀敌，凸显了一位老革命家“老骥伏枥，志在千里；烈士暮年，壮心不已”的豪壮之情。

吴玉章从1898年踏上革命道路开始，经历了戊戌变法、辛亥革命、北伐战争、抗日战争、解放战争和新中国建设等一系列重大历史阶段，不管在哪个阶段，他始终冲在时代最前列。为投身革命，他离妻别子，数次历经生死考验，一生颠沛流离、备尝艰辛，但坚定的革命信仰和不屈的斗争精神却始终不变。

1947年10月，吴玉章与王维舟、李维汉、杨尚昆等中央领导一起，出席了中央为准备解放大西南所组织的四川干部训练队的开学典礼。根据中央安排，四川干部训练队在山西临县三交镇双塔村成立，计划作为解放大西南的先遣队入川。该训练队主要以南京、上海、重庆等地撤回延安的干部为基础，又从机关和部队抽调了一批四川籍老同志组成。

开学典礼上，吴玉章发表了热情洋溢的讲话。他见训练队的同志们斗志昂扬地准备参加解放大西南的战斗工作，再也抑制不住内心的兴奋和激动。10 月 25 日，他向毛主席写下了请战信，主动请缨回川杀敌。他在信中写道："我于前数日来双塔，参加四川干部训练队开学典礼。这批干部有些是长征来的，大部分是今年三月由重庆、南京、上海等处被迫撤退回来的。以我人民解放军大举反攻，节节胜利，大家情绪都很高。大约训练一月后，他们即启程前进，我近数月来身体也日益强健，见同志们革命的热忱，时局发展的迅速，也异常兴奋。我虽年已届七十，仍愿请缨杀敌，如能以刘邓陈谢大军之一部，交我与王维舟同志率领，向西南前进，则正在水深火热中之人民，必箪食壶浆以迎，不难在西南各省创造新的根据地。此事如何进行？请与恩来同志等熟商决定，示知为幸。"

吴玉章的信辗转了半个多月，于 11 月 18 日送到了毛泽东手上。毛泽东读完了信，深为吴玉章的革命精神所感动，立即给他写了一封回信，对吴玉章请缨之事高度评价。党中央和毛泽东考虑到他年事已高，不适宜残酷的战争环境和转战奔波的劳苦，不宜带兵出征，毛泽东在信中祝愿他"天寒尚望保重身体。敬祝安好！"吴玉章垂老请缨的事迹，成了解放战争时期流传的一段佳话。

【延伸阅读】

吴玉章在古稀之年仍保持高昂的革命斗志，主动请缨杀敌，映射出共产党员百折不挠的革命精神。《党章》规定，党的干部要有强烈的革命事业心和政治责任感，有实践经验，有胜任领导工作的组织能力、文化水平和专业知识。革命精神是中国共产党先进优秀的看家法宝、攻坚克难的力量源泉、走向胜利的政治优势。进入新时代，要实现国家和社会兴旺发达、长治久安，每一名党员干部就必须始终保持革命精神、革命斗志，就一定要不忘初心、牢记使命、永远奋斗。

虚心公听

群众的眼睛是雪亮的。党员、干部身上的问题，群众看得最清楚、最有发言权。要坚持开门搞活动，一开始就扎下去听取群众意见和建议，每个环节都组织群众有序参与，让群众监督和评议，切忌“自说自话、自弹自唱”，不搞闭门修炼、体内循环。

——习近平在党的群众路线教育实践活动工作会议上的讲话（2013 年 6 月 18 日）

古人云，“闻过则喜”。事实上，大多数人的本性往往是“闻喜则喜”。真正要做到“闻过则喜”，则需要一定的人生境界。而吴玉章就做到了这一点，不管对上还是对下，始终保持着虚心以待、虚怀若谷的姿态，形成了闻过则喜、从善如流的自觉。

吴玉章一生为人和蔼可亲、平易近人，他身边的工作人员和他领导下的同志，都可以在他面前直抒己见。吴玉章在 1942 年曾写了一首《和朱总司令游南泥湾》的诗。诗中用“纵横百余里，‘回乱’成荒地”两句描述了当时南泥湾的状况和历史。句中的“回乱”指清朝年间，南泥湾一带回民起义，遭到清朝政府的残酷镇压，从此南泥湾更加荒凉。后来，《红旗飘飘》编辑要用这首诗，吴玉章应允了。他正抄写这首诗，服务员小张在一边看一边搔着头皮，思索了好一会儿，说：“吴老，‘回乱成荒地’是怎么回事?”吴玉章停笔回答说：“南泥湾本是回民居住的地方，土地肥沃，物产很丰富。可是由于清朝政府的残酷统治，激起回民造反，清朝政府派兵镇压，把当地的居民屠杀一光，所以南泥湾就成了没有人烟的荒地。”小张说：“这句不妥帖。您虽然在‘回乱’上加有引号，但从字面看，还是把南泥湾的荒废归咎于回民起义了。造成荒地的责任应该是清朝政府，而不应该是回民。您经常给我们讲，哪里有压迫，哪里就有反抗，哪里就有斗争，回民起来造清朝政府的反是有理的。您在诗中写'‘回乱’成荒地'，就与这个精神不合了。"

吴玉章在认真听完小张的话后，连声说道："对对对，提得好。我写诗时只是沿用了旧史籍上的说法，没有仔细推敲。"并表示这是自己的粗心。接着就把那首诗中的"回乱"改成了"剿回"。吴老认为这样就既歌颂了回民的革命精神，又鞭挞了清朝政府的残酷统治，客观正确地表现出了历史实际。

吴玉章很感激这位年轻同志，并且常常用这事来鼓励同志们向他提意见。有一次，中国人民大学一位副校长来找吴玉章，他就指着给自己提意见的小张说："你们看，他都能给我提意见，你们还不更应该给我提出意见吗?"后来，吴玉章到外省给青年作报告时，还一再提到这件事，劝勉人们虚心听取意见，改正错误。

【延伸阅读】

吴玉章一直虚心听取意见并及时改正错误，难能可贵，值得每一名党员去学习。《党章》规定，切实开展批评和自我批评，勇于揭露和纠正违反党的原则的言行和工作中的缺点、错误，坚决同消极腐败现象作斗争。我们党来自人民、植根人民、服务人民，党的根基在人民、血脉在人民、力量在人民。作为新时代的党员干部，要放下架子，虚心听取下级、基层和党员、群众的意见，以树立标杆、向我看齐的态度检查自己，认真查摆个人、领导班子、本地区本部门在作风方面存在的突出问题，深刻剖析问题症结和原因，把整改的方向和具体措施明确亮出来，切忌查摆问题见事不见人、对人不对己、避重而就轻。

勇于自检

批评和自我批评是清除党内政治灰尘和政治微生物的有力武器，必须以整风精神严格党内生活，着力提高领导班子发现和解决自身问题的能力。

——习近平在党的群众路线教育实践活动第一批总结暨第二批部署会议上的讲话（2014 年 1 月 20 日）

《论语》曰："吾日三省吾身。"学会反思，主动反思，体现着一个人的工作方法、工作作风、人品修养。吴玉章就是这样一个用自我批评来时时检阅自己的诚实的共产党员。

1927 年，南昌起义失败后，吴玉章远赴苏联求学。他在莫斯科东方大学作了关于南昌起义的报告。后经过修改补充，于 1928 年 5 月 30 日写成了《八一革命》的总结报告，这是最早对南昌起义进行科学总结的报告，是研究南昌起义的十分重要和珍贵的历史文献。在报告中，吴玉章深刻地检讨了中国共产党当时的领导者在统一战线中所犯的机会主义错误，以及在具体处理国共两党关系上，在指导政治、军事斗争和领导工农运动中的各种失误。在南昌起义中，吴玉章以国民党中央的名义在九江成立了办事处，负责接应和转送前往九江、南昌方向的中共干部和国民党左派人士，同时争取国民党左派将领的支持，为南昌起义筹备、发动及善后做了大量工作，并在起义后担任革命委员会秘书长，是南昌起义的重要领导成员之一。所以，他对自己也作了严肃的自我批评。他说，我虽未参加中共中央的指导工作，我却也担负在国民党中的重要责任，而且南昌暴动后，我也处于很重要的地位，我自然应该共同负责，我也是应该受到批评处罚的一人，我不能以我未参加指导工作来卸脱我的或无先见之明，或知而不言，或言而不力的一切责任，但这是另一问题，自有党的纪律在，我只有诚恳地服从党的纪律，而不能不公开的承认错误，尽量批评，因为不如此，则对党将不忠实。

吴玉章不仅在革命时期对党忠诚，严于自我批评，在和平年代也依旧保持共产党员的自我批评精神。新中国成立后，他担任中国人民大学校长，对工作兢兢业业，深得师生们敬重。有一年五四青年节，吴玉章给学校师生作报告，讲到学校工作有成绩，也有缺点甚至有错误。后来《人民大学周报》刊发这篇文章的时候，把“错误”二字删除了。吴玉章非常生气，说：“为什么要删掉呢？为什么那么怕讲‘错误’两个字呢？一个共产党员的重要品质，是有自我批评精神。只有清楚知道自己的错误，不虚美不隐恶，才能更好地学习和工作。”为此，徐特立在祝吴玉章七十寿辰的时候，特别写诗赞扬他“批评之武器，用来自检阅”。

【延伸阅读】

走在中国革命前列的吴玉章，始终严于自我批评，这是非常值得学习的。《党章》规定，党在自己的政治生活中正确地开展批评和自我批评，在原则问题上进行思想斗争，坚持真理，修正错误。批评和自我批评是党的优良传统和作风，是无产阶级政党区别于其他政党的重要标志，是党强身治病、保持肌体健康的锐利武器，也是加强和规范党内政治生活的重要手段。作为新时代的党员，要把批评和自我批评作为防身治病的有力武器，通过积极健康的思想斗争，不断洗涤每个党员、干部的思想和灵魂。

开新风气

要大力弘扬时代新风，加强思想道德建设，深入实施公民道德建设工程，加强和改进思想政治工作，推进新时代文明实践中心建设，不断提升人民思想觉悟、道德水准、文明素养和全社会文明程度。要弘扬新风正气，推进移风易俗，培育文明乡风、良好家风、淳朴民风，焕发乡村文明新气象。

——习近平在全国宣传思想工作会议上的讲话（2018 年 8 月 21 日）

过去人们常说“富贵不还乡，如锦衣夜行”，那么吴玉章在新中国成立后，首次回乡是怎样一种情形呢？1958 年 3 月，已经 80 高龄的吴玉章到成都参加推广普通话和扫盲工作座谈会，致信侄儿林宇（又名吴大林），计划月底回乡看看家乡的情况。距离上一次吴玉章回乡已经过去了整整 14 年，县委领导非常重视接待准备工作，时任县委书记徐文正更是做足了功课，对吴玉章的家庭情况进行了详细了解，写了满满一大本笔记。

3 月 29 日，吴玉章拄着拐杖回到蔡家堰。他走进下厅，穿过院子来到自己东渡日本求学前居住的房间。屋内陈设依旧，吴玉章坐在椅子上感慨万千，对徐文正说：“我小时候就是坐在这张桌子前读书，写字用的是毛笔，磨墨用的水是在屋侧的水井里打的。那口井有股浸水，长年不干，清汪汪的，我们吃水也在那里挑，那口井还是不是那个样子？”徐文正尴尬地看了看自己的笔记本，答不上问题，只好哧哧地笑。“那股浸水已经很小了！”农业社社长谢世贵赶忙在一边圆场。“现在人、猪、牛都增加了，用水量比我们那时候大嘛，怎么解决的呢？”吴玉章一听，着急地问。“吴老放心，农业社在塘壁处另外打了一口井，这个房子里的人都在那里挑呢!”谢世贵笑着说。“好!好!”吴老高兴地连连点头，又说，“以前大家都相信菩萨，冲上有个土地菩萨，每年三月三，大家都提着香、蜡、纸钱去敬它，那个土地菩萨还在不在？还有人去敬它没有?”县委书记又答不上来，还是谢世贵解围说：“现在大家都相信共产党了，不信土地菩萨，早打烂了呢!”吴玉章连连点头称赞：“就是要相信党，相信科学，不要相信迷信嘛。”

接下来吴玉章又问道：“屋子后边，张家的坟坝很宽，那里立了一个石碑，那座碑还在吗?”见县委书记还是答不上来，吴玉章接着说：“我这次回来，就是想处理一下我们家中的坟地。现在搞建设、修工厂、建城市都要地，人死了还要去占一块地，这样下去，耕地连年减少，吃饭都要成问题了。今后采用火葬，就可以节约土地。”“火葬是好，可是现在很多人想不通。”谢世贵抢着说。“旧习俗的改变是不容易的，但是从我们自己做起就比较容易了，以后我死了也要火化。”吴老转过身，语重心长地对徐文正说：“把屋后石弯那块崖壁修成公墓，打上一排排洞，火化后的骨灰都放在那里，放上三五年，将骨灰取出来倒在花树下，既可以做化肥，又可以让逝者入土为安，你看如何?”大家一听吴玉章带头提倡火化，还要把自己家的土地捐出来修公墓，都说吴老想得周到，这样开了风气，就便于提倡推广了。

【延伸阅读】

吴玉章返乡带头提倡火化，还提出把自己家的土地捐出来修公墓，从自身做到移风易俗，就更容易推进各项工作的开展。《党章》规定，党的干部要坚持解放思想，实事求是，与时俱进，开拓创新，认真调查研究，能够把党的方针、政策同本地区、本部门的实际相结合，卓有成效地开展工作，讲实话，办实事，求实效。新时代的共产党员，在推动各项工作时，应当坚持创新工作方法，或身体力行，或树立典型，或广泛宣讲，以人民群众乐于接受的方式推动实行新政策，开展新工作。

艰苦朴素

实现中华民族伟大复兴，关键在党。今天，我们正在进行具有许多新的历史特点的伟大斗争。全党要牢记毛泽东同志提出的“我们决不当李自成”的深刻警示，牢记“两个务必”，牢记“生于忧患，死于安乐”的古训，着力解决好“其兴也勃焉，其亡也忽焉”的历史性课题，增强党要管党、从严治党的自觉，提高党的执政能力和领导水平，增强党自我净化、自我完善、自我革新、自我提高能力。

——习近平在纪念毛泽东同志诞辰120**周年座谈会上的讲话**（2013**年**12**月**26**日**）

在中国传统观念中，“一人得道，鸡犬升天”“一人当官，全家受益”。一些官员在走上领导岗位后，其亲友往往纷纷开始将其“围猎”，组成台前幕后的贪腐“亲友团”，进而捞取各种不当利益。而吴玉章作为公认的一贯有益于人民的革命老前辈，一生清廉，始终严于律己，不仅管好自己，同时也管好身边人，始终保持了优良的作风，成为后世的楷模。

赵九銮曾是吴玉章的厨师，在他身边工作了18年。据赵师傅回忆，当年由供给制刚刚改成薪金制时，他们几个工作人员，为了服装一致，每人做了一件蓝条府绸上衣。这在今天根本不算什么，可是当时大多数同志还在穿解放区的粗布衣服，府绸上衣就显得有点阔气了。吴玉章看到后，就把他们叫到一起，教育说：“你们要时时刻刻保持过去的艰苦朴素的生活作风。你们做这么一件上衣，可以买两件大五幅布的衣服，我看穿起来，要比府绸结实得多，而且还好洗。为什么昨天能穿的衣服，今天就不能穿了呢？就不想穿了呢？我们共产党人要永远保持艰苦朴素的生活作风。”

吴玉章自己正是保持艰苦朴素作风的模范。他的衣服特别是内衣，总是补了又补。他在家里穿的衣服都是大革命时代和延安时期留下来的。吴玉章在吃饭时，要是感到饭菜吃不完，就总是从一边下筷子，并在吃完时特意告诉工作人员：“这边我没动……”怕剩下的饭菜被倒掉浪费了。

【延伸阅读】

吴玉章一向艰苦朴素、严格自律，并以身作则，严格管束“身边人”。《党章》规定，党的干部要加强道德修养，讲党性、重品行、作表率，做到自重、自省、自警、自励，反对形式主义、官僚主义、享乐主义和奢靡之风，反对任何滥用职权、谋求私利的行为。作为新时代共产党员特别是党的领导干部，要坚定理想信念，始终把人民放在心中最高的位置，弘扬党的光荣传统和优良作风，坚决反对形式主义、官僚主义，坚决反对享乐主义、奢靡之风，坚决同一切消极腐败现象作斗争，永葆共产党人政治本色，矢志不移为党和人民事业而奋斗。

家教严苛

领导干部的家风，不仅关系自己的家庭，而且关系党风政风。各级领导干部特别是高级干部要继承和弘扬中华优秀传统文化，继承和弘扬革命前辈的红色家风。

——《习近平谈治国理政（第二卷）》，外文出版社，2017 年，第 356 页。

近年来，塑造良好的家风成为一个热门话题。何谓“家风”？家庭是人生的第一个课堂，家风是一个家庭的精神内核，家风是社会风气的重要组成部分。领导干部的家风，不是个人小事和家庭私事，而是领导干部作风的重要表现。

新中国成立后，吴玉章出任中国人民大学校长，侄孙吴本清则被组织安排到铁路部门工作。虽然两人长期相隔两地，但吴玉章对他的教导从来没有停止过。

吴本清知道吴玉章一贯节俭，便经常捎带些土特产给吴玉章补补身子。得知吴玉章患病后，吴本清更是时不时买点四川的广柑和橘红（橘饼）寄去，表达自己的孝心。有一次，吴本清到北京去，专程到吴玉章家中看望。吴本清刚到吴玉章面前，还未说话，吴玉章就面色严肃地问道：“橘红是怎么捎带上京的呀？”吴本清一听，满脸疑惑：“邮寄的啊！”“当真？”吴玉章追问。“真的，木箱上还贴着邮票呢！”吴本清回答道。吴玉章听完后，面色稍缓，随即说道：“你是跑铁道的人，不能利用自己工作的便利搞捎、买、带，那是贪占公家的便宜，所以你捎来的东西我一直没有动。我想着要是你托火车上的人捎来的，是一定要给你退回去的。”

这件事给吴本清留下了深刻印象。之后，他请吴玉章写几句话留作纪念。吴玉章立马提笔在吴本清的日记本上写了这么一副对联：

“创业难，守业更难，须知物力维艰，事事莫争虚体面；居家易，治家不易，欲自我身作则，行行当立好规模。”

写好后，他放下笔，语重心长地对吴本清说：“这虽是居家格言，但包含了我们民族的传统美德。在共产主义世界观的指导下，也就赋予了革命的内容。因为对家庭是这样，对国家也应该这样。过去干革命，现在搞建设，都要保持艰苦奋斗的精神，才能夺取胜利。我们是共产党员，一定要以身作则，在各行各业都要起模范带头作用啊!”

吴玉章的言传身教，对吴本清和其他革命后辈来说，是一辈子用之不尽的宝贵精神财富，使他们在各自的岗位上时时严格要求自己，处处起模范带头作用。

【延伸阅读】

吴玉章不仅严于律己，而且在“正好家风、管好家人、处好家事”上树立了标杆，真正以良好的家风养成廉洁的作风。《中国共产党纪律处分条例》规定，利用职权或者职务上的影响，将本人、配偶、子女及其配偶等亲属应当由个人支付的费用，由下属单位、其他单位或者他人支付、报销的，情节较轻的，给予警告或者严重警告处分；情节较重的，给予撤销党内职务或者留党察看处分；情节严重的，给予开除党籍处分。近年来，很多出问题的领导干部普遍家风不正、家教不严，“封妻荫子”的封建思想根深蒂固，使原则在亲情面前变通、底线在人情世故中失守。做新时代党员领导干部，不仅要律己严，更要家风正，如此才能行稳致远。

诚以待人

做人要实，就是要对党、对组织、对人民、对同志忠诚老实，做老实人、说老实话、干老实事，襟怀坦白，公道正派。要发扬钉钉子精神，保持力度、保持韧劲，善始善终、善作善成，不断取得作风建设新成效。

——习近平在参加十二届全国人大二次会议安徽代表团审议时的讲话。（2014 年 3 月 9 日）

现在，一些单位为管理方便，经常实行领导干部接见预约制度。尽管在规范工作流程，强化行政管理，提升办事效率方面有一定的合理性，但这也在一定程度上阻碍了党群关系的良性发展。吴玉章先生虽身居高位、日常事务极其繁忙，但他始终待人和蔼，待人诚恳，从没有让上门求见的群众吃“闭门羹”。

新中国成立后不久，一次一位陶姓教师给吴玉章写了一封信诉说教育工作者的一些问题，工作人员觉得吴玉章实在太忙，这封信也不是太急，就暂时压了下来，过了段时间才送给他看。吴玉章看到信后有些生气，责怪工作人员没有及时给他看，并提出要亲自见这位教师，听取意见并对自己工作上的延误当面道歉。工作人员拗不过他，了解到陶老师住在西单附近的一个小院子里，车子开不进去，就提议用小车把陶老师接到吴玉章的住所来见面。吴玉章一听连连摆手：“我是教育工会主席，有责任了解教育工作者的问题和疾苦，不亲自上门怎么能行呢?”结果自然不用说，陶家人见到吴玉章亲自登门，感动得不知道说什么才好。

还有一次，民盟元老、时任山西省人民政府副主席兼山西大学校长的邓初民到了北京，专程去看望吴玉章，恰好遇到他正在休息。吴玉章的警卫员吴保秀十分歉意地说："首长刚睡下，你们在会客室坐一会吧。"邓初民怕影响吴玉章休息，忙说："不要惊动他，再找时间吧。"说完就走了。吴玉章醒后得知邓初民来过，急得直跺脚，连声说："怎么不马上叫我呢！这多不好！快给邓老打电话，把我的车派过去接他来！"见面之后，两个老战友相谈甚欢。临别时，吴玉章还亲自将邓初民送到大门口，并合影留念。

送走邓初民的当晚，吴玉章召集身边工作人员开会，给他们讲党的领导、武装斗争和统一战线三大法宝。工作人员都是干过革命、扛枪打战的人，对党的领导和武装斗争是体会很深的，但对统一战线缺乏清晰的认识。吴玉章长时间在国民党统治区作斗争，具有丰富的统战经验，将如何团结更多朋友，孤立、打击少数顽固分子，进行有理有利有节的斗争，讲得生动形象。吴玉章情绪激动，一直讲到深夜，为身边的工作人员上了一堂深刻的党课。

以后，李济深、张澜、马寅初、柳亚子，以及四川来的何鲁、李筱亭等民主人士前来探望时，工作人员再也不敢怠慢，总是及时通传。吴玉章不管是在工作还是休息，也总是停下来陪同客人谈话，每次都是谈笑风生，宾客尽欢。吴玉章一生节俭，很少设宴款待客人，但对这些客人却常常自掏腰包加菜留饭，待若亲人。

【延伸阅读】

吴玉章一生始终把自己摆在人民公仆的位置，以诚待人，以信取人、以情动人，赢得了人民群众的交口称赞。《党章》规定，党的干部是党的事业的骨干，是人民的公仆，要做到忠诚干净担当。中国共产党的性质和宗旨决定了党员领导干部的感情倾向和感情基础，只有真情实意地为人民，以心换心，以情换情，才能进一步密切党群、干群关系，不断增强公信力、感召力和亲和力。

保护人才

人才难得，轻视不得，耽误不得。我国古代既有文王渭水访贤、周公吐哺礼贤、刘备三顾茅庐求贤、萧何月下追韩信的美谈，也有冯唐易老、李广难封的悲叹。冯梦龙在《新列国志》中说："历览往迹，总之得贤者胜，失贤者败；自强者兴，自怠者亡。胜败兴亡之分，不得不归咎于人事也。"我们要从党和国家事业发展需要出发，以更高的站位、更宽的视野发现人才、使用人才、配置人才。

——习近平在中共中央政治局第十次集体学习时的讲话（2018 年 11 月 26 日）

世人常说："千里马常有，而伯乐不常有。"说的就是识才、护才、用才的"伯乐"太少，让无数具有真才实学的"千里马"无用武之地。吴玉章不仅自身才学过人，更兼识才的慧眼、护才的诚意和用才的胆识，正是在他的努力下，发现、保护和培养了一大批优秀人才，并做到了人尽其才、才尽其能，为中国革命和建设立下了汗马功劳。

20 世纪五六十年代，在"左"的错误影响下，知识分子受到严重冲击和打压。吴玉章坚持贯彻党的知识分子政策，不顾个人安危，想方设法保护干部、保护教师、保护人才。1960 年 8 月下旬，在一次批判教师的会议上，当时已 82 岁高龄的吴玉章亲自到场，虽体力难支，却整整在会场听了半天。会后，他沉痛地说："不能这样批判同志嘛!"

1963 年年初，吴玉章亲自面见周恩来总理，请求调任一位优秀同志到中国人民大学担任党委书记。总理马上想到了郭影秋。当时，中央正考虑将南京大学党委书记、校长郭影秋调任国务院秘书长。听说郭影秋品德高尚，作风谦和，能力很强，吴玉章认为他是位十分合适的人选。不久，中央改派郭影秋到中国人民大学任党委书记兼副校长，协助吴玉章主持学校的全面工作。在全校的欢迎会上，吴玉章对大家说："我们请来了一位好校长。"

"文化大革命"开始后，人大停办。造反派成立了"郭影秋专案组"，调查他的"历史问题"。1966 年 8 月上旬，88 岁高龄的吴玉章在家里接见吴廷嘉、沈大德等七个中国人民大学的学生，他严肃地对学生们说："郭影秋是总理牵的线，是我要的人！他放弃国务院秘书长职务，自己选择决定来人大当了第一副校长。他来了，人大就是变了嘛！你们都看见的。人大交给他，我就放心，我才放心，非常放心。"吴玉章说完后，大家心情都很沉重，一个学生站起来吞吞吐吐地告诉吴玉章："学校有人把郭副校长抓起来批斗，拳打脚踢，还关了起来！"这位同学话音未落，吴玉章猛地用力站起来，浑身发抖，嘴唇哆嗦，他用拐杖连连猛敲地面，恨声说："反革命?！他们才是反革命！"说完，老泪纵横，不能自已。其实，早在 7 月 29 日郭影秋被批斗的那天，吴玉章就得知郭校长被批斗的消息。那天，孙子们第一次看到爷爷的眼泪。十多天过去了，那个令他痛心疾首的消息，仍然沉甸甸挂在他心上，如今听闻郭影秋不仅被批还被毒打，老人再次潸然泪下。吴玉章的一生，经历过多少惊涛骇浪？多少挫折磨难？多少生离死别？他都不曾掉过眼泪。如今，看着党的一位优秀干部受到如此无端批斗，他禁不住流下了同志的泪、民族的泪，一个真正的共产党人的眼泪！

事后，吴玉章亲自到中国人民大学，为师生说明郭影秋的情况，甚至到批斗郭影秋的大会上去公开保护他。为此，他也受到冲击，有人贴出他的大字报，说他是"郭影秋的黑后台"。他对此毫不在意，将个人生死名利置之度外。

吴玉章的竭力保护，使受到迫害和摧残的郭影秋深受感动。1966

年 12 月 12 日，吴玉章与世长辞。得知噩耗的郭影秋悲痛万分，他躲过红卫兵的监视，穿着单薄的病号服，从医院里偷偷跑出来，去送他亲爱的老校长最后一程。

【延伸阅读】

吴玉章一生，以求贤若渴感染人才，以礼贤下士凝聚人才，以不计毁誉爱护人才，为党员干部识才爱才用才树立了光辉榜样。《党章》规定，要充分发挥党员和群众的积极性创造性，发现、培养和推荐他们中间的优秀人才，鼓励和支持他们在改革开放和社会主义现代化建设中贡献自己的聪明才智。作为新时代党员干部，必须把尊重知识、尊重人才落到实处，善于同知识分子打交道，做知识分子的挚友、诤友，多一些包容、多一些宽容，坚持不抓辫子、不扣帽子、不打棍子，多为他们办实事、做好事、解难事。

奋斗不息

奋斗本身就是一种幸福。只有奋斗的人生才称得上幸福的人生。奋斗是艰辛的，艰难困苦、玉汝于成，没有艰辛就不是真正的奋斗，我们要勇于在艰苦奋斗中净化灵魂、磨砺意志、坚定信念。……奋斗者是精神最为富足的人，也是最懂得幸福、最享受幸福的人。

——习近平在 2018 年春节团拜会上的讲话（2018 **年** 2 **月** 14 **日**）

诗人臧克家曾写道：“有的人活着，他已经死了；有的人死了，他还活着。”一个人生命的意义不在于他活了多久，而在于生命中的奋斗。吴玉章在几近耄耋之年依旧努力工作，像战士一样继续坚守阵地，深刻地诠释了“生命的意义在于奋斗”。

1955 年，已近八十高龄的吴玉章，依然担负着许多重要职务。而吴玉章又是一个做事认真的人，很多事情都亲力亲为。即使偶尔秘书负责部分文章的草拟，他也总是斟酌再三，一改再改。除此之外，他还要参加各种繁杂的会议。据他的侍卫长高永富同志统计，仅 1955 年一年，吴玉章参加的各种会议就多达 332 次，平摊下来每天都有会要开。而且，许多会议还由他亲自主持，会前会后也要消耗他大量的时间和精力。

吴玉章身体不好，常年便血。进京之初，有时上下车都需两个人搀扶，晚年仍然日夜操劳，一累病了就得住院。在医院里，他也从来没有好好休息过，不是跑出去工作，就是把工作带进病房去做。1956 年 10 月 30 日，吴玉章再次因病住院，高永富记录了吴玉章住院期间的活动情况。在这份记录里，除了因连续查病被医生强行留院的几天外，更多的是吴玉章马不停蹄地密集处理各种工作的身影。除此之外，待在病房里的时候，他也一刻不闲，不是看文件、书籍，就是处理各种杂事。甚至晚上躺在床上，还在琢磨修改文稿的事宜。有时来了灵感，就半夜爬起来记录。因为身体透支过度，这一次，他一直到11月下旬才得以出院。

1959年11月，81岁高龄的吴玉章挥笔写下著名的自励诗：

人生在世，事业为重。一息尚存，绝不松劲。

东风得势，时代更新。趁此时机，奋勇前进。

吴玉章一生勤于磨砺自己，严于律己，为中国革命忠心耿耿奋斗了一生，这首诗是他个人品质的最好写照。在他身边工作和生活过的每个人，都对他这种勤苦耿介的秉性由衷赞叹。

【延伸阅读】

吴玉章一生，始终把奋斗作为永不停歇的精神动力，用几十年来的奋斗不息的精神和坚韧沉毅的生命谱写了一部活的中国革命史。《党章》规定，中国共产党党员必须全心全意为人民服务，不惜牺牲个人的一切，为实现共产主义奋斗终身。作为新时代党员干部，不论资历有多老，职位有多高，都要树立和发扬好的作风，脚踏实地、勇于担当。敢于直面矛盾，善于解决问题，在坚持不懈的奋斗中创造无愧于人民、无愧于历史的业绩。

长寿之道

工作肯定是一种超负荷的状态，但是也要注意一张一弛，劳逸结合。比如我本人现在还是抽出时间来游泳，一天一千米。

——习近平在俄罗斯索契接受俄罗斯电视台专访时的讲话（2014 年 2 月 7 日）

健康长寿是很多人孜孜追求的目标，甚至有人为此不惜重金购买各种“偏方秘籍”，不惜满天下“求仙问道”。结果往往都是事与愿违，“竹篮打水一场空”。吴玉章一生为国为民长期操劳，但依旧在繁重的工作中保持健康身体。究其原因，除了先天的身体素质外，后天的修身养性和身体锻炼起着非常重要的作用。

1958 年 1 月 10 日，八十岁的吴玉章有感赋诗一首：“人生七十古来稀，我今八十身犹健。意志坚强嗜欲少，热爱劳动可延年。”在这首诗中，吴玉章把他的长寿之道归结为意志坚强、嗜欲少和热爱劳动。这三点看似简单，其实真正做到并坚持到底是很不容易的。

吴玉章说：“我是从激烈复杂的阶级斗争中走过来的。”他的这个“意志坚强”是历经几十年革命斗争的严峻考验的。正如中共中央给他六十大寿的贺词所写的那样：“你的生活和斗争，是近几十年里一部活的中国革命史的缩影。”他始终坚信，在中国共产党的领导下，任何艰难险阻都能战胜，帝国主义和一切反动派都会被打倒，革命的理想一定能实现。他的意志坚定，境界高远，无私无畏，坚定不移。他的坚强意志，已化为一种强大的精神力量，使他有正气、有勇气、有智慧，沉着应对，战胜敌人，战胜困难，战胜疾病。

吴玉章具有极强的定力，不受情绪的影响，内心宁静，心安理得，没有膨胀的私欲，符合养生之道。吴玉章为人忠厚老实，公道正派，大公无私，有着高尚的共产主义道德品质。他“嗜欲少”，不抽烟、不喝酒，甚至茶也很少喝，更没有其他不良的生活方式和习惯。

吴玉章一生坚持学习，辛勤劳动。他终生学习，博通古今、学贯东西，不仅是教育界、文化界的前辈，也是无数青年的导师。吴玉章非常热爱劳动。他一生辛劳，一生奋斗，每天都在为祖国人民做好事。“生命在于运动”，无论是脑力劳动还是体力劳动，都会促进人体五脏六腑的运动，促进新陈代谢，提高健康水平。

研究健康问题的专家指出：“每个人的寿命15%决定于遗传，10%决定于社会安定，8%决定于医疗条件，7%决定于气候环境，剩下的60%则决定于自己的生活方式。”吴玉章的父母寿命都短，父亲活了48岁，母亲活了59岁。他生长在社会大变革的时代，生活在艰苦而危险的战争岁月，医疗条件也比较差。他之所以能健康长寿，重要原因就在于其高尚的道德品质和良好的生活方式。吴玉章的三点养生之道，与其说是长寿之道，不如说是一名优秀共产党员的境界和追求，值得我们深入学习。

【延伸阅读】

吴玉章的人生经历是一面明镜，告诫我们要加强身体锻炼、要提升身心健康，同时也启示我们要不断提高人生境界。俗言道：“身体是干革命的本钱。”没有健康的身体支撑、没有健康的生活态度和生活方式，工作就很难干得好、干得久。以透支身体为代价的工作，无论是对于个人、家人还是单位，都是得不偿失的。身心健康离不开健康的生活态度和生活方式。我们保持身心健康，一是要勤于读书，提升自己的知识积累和精神境界；二是要加强体育锻炼，锻炼出好身体，提高身体抵抗力；三是要减少不必要的应酬，把时间腾出来做有意义的事情，改变不健康的生活方式，形成良好的生活习惯。

青年范畴

100年来，中国青年满怀对祖国和人民的赤子之心，积极投身党领导的革命、建设、改革伟大事业，为人民战斗、为祖国献身、为幸福生活奋斗，把最美好的青春献给祖国和人民，谱写了一曲又一曲壮丽的青春之歌。

——习近平在纪念“五四运动100周年”大会上的讲话（2019年4月30日）

百余年前，中国近代思想家、政治家、教育家梁启超发出了“少年智则国智，少年富则国富，少年强则国强，少年独立则国独立，少年自由则国自由，少年进步则国进步”的时代强音。翻开中国近现代史，无数仁人志士在寻求救国图强的道路中不断摸索青年一代培养路径。吴玉章在为革命和建设事业奋斗中，始终不忘关爱青年、培养青年，成为一代代青年工作的好榜样。

吴玉章早年创办了留法勤工俭学预备学校，曾先后担任成都高等师范学校（四川大学前身）校长、鲁迅艺术学院院长、延安大学校长、华北大学校长等职。新中国成立后，担任中国人民大学校长更是长达17年之久。在吴玉章的一生当中，担任大学校长的时间有近半个世纪，是新中国高等教育的奠基人和开拓者之一，对中国青年产生了积极而深远的影响。

1898年，吴玉章就读于自贡旭川书院，经常读到二哥寄回的各种维新变法的书刊。他敢于冲破封建教育的藩篱，热情宣传维新变法的政治主张，被称为“时务大家”。1903年3月，吴玉章到日本东京留学。吴玉章以坚强的毅力、远大的抱负，脚踏实地刻苦学习，用两年半的时间读完了日本中学五年的全部课程，以优异的成绩毕业于成城学校，后来又考入日本冈山第六高等学校工科学习电气工程。

1911年，辛亥革命爆发以后，吴玉章弃学回国参加革命。由于深感“所学非所用”，便在1913年亡命巴黎时进入巴黎法科大学改学政治经济学。在巴黎的2年多，吴玉章看到了不少事、接触了不少人物，也增长了不少见识。此时正值协约国和同盟国之间相互厮杀，整个欧洲沉浸在血泊之中。世界资本主义制度的危机深深刺激了吴玉章。那时，社会主义思潮开始风起云涌，各种社会主义思想流派盛极一时，吴玉章开始研究社会主义思想。各类社会主义书籍中所描绘的人人平等、消灭贫富的远大理想，大大鼓舞了吴玉章。后来，在十月革命和五四运动影响下，吴玉章深感旧的革命道路走不通，必须要寻找新的方向和途径。他开始系统接受马克思主义，并将这些新理论、新观点贯穿到革命行动当中，为中国革命作出了卓越的贡献。

1964年，吴玉章在出席中国共产主义青年团第九次全国代表大会时，专门作了《和青年们谈谈学习问题》的讲话，鲜明地指出“青年人走什么道路的问题，是关系到国家兴亡和革命成败的大问题”，勉励每一个青年都应该有理想、有抱负，树立远大志向，并且应始终不渝地为之奋斗。吴玉章常常用唯物辩证主义的观点教导青年既不要以政治上的进步而放弃业务技术，同时又要防止和反对“单纯业务”的观点。他指出，那种只有一技之长，就既不需要明确政治目标，也不需要进行思想修养的观点对国家不利，易使青年迷失方向，并使业务停滞、退步以致失败。即使是在八十多岁的高龄，吴玉章还时常登上讲台，声情并茂地给中国人民大学的师生们讲述共产党光辉的历史。正如吴玉章在81岁时的自勉诗中所写的，“一息尚存须努力，留作青年好范畴”。

春蚕到死丝方尽，人到期颐亦不休。

一息尚存须努力，留作青年好范畴。

——吴玉章《自勉诗》(81岁题)

【延伸阅读】

吴玉章用一生践行了“青年好范畴”的铮铮誓言，始终把民族复兴、祖国富强的希望寄托在青年一代的身上。他提出的“国家不可一日无青年，青年不可一日无觉醒”，他坚信的“青年不死，即中华不亡”，呼吁广大青年发扬“薪胆精神”，赴国难，雪国耻，发奋为雄，再造神州，至今耳畔仍有余音。《党章》规定，党员必须要认真学习马克思列宁主义、毛泽东思想、邓小平理论、“三个代表”重要思想、科学发展观、习近平新时代中国特色社会主义思想，学习党的路线、方针、政策和决议，学习党的基本知识，学习科学、文化、法律和业务知识，努力提高为人民服务的本领。作为新时代党员干部，我们要学习吴玉章这种关爱后辈的精神，更好地关心青年成长、支持青年发展，给予青年更多机会，更好发挥青年作用，团结带领新时代中国青年在实现中华民族伟大复兴中国梦的进程中不断开拓创新、奋发有为！

后 记

吴玉章是中国近现代一部活的中国革命史的缩影，他的事业就是中国革命和人类解放事业。毛泽东在吴老六秩寿诞上带着饱满、佩服的深情说："他从同盟会到今大，干了四十年革命，中间颠沛流离，艰苦备尝，始终不变，这是很不容易的啊。从同盟会中留下到今天的人，已经不多了，而始终为革命奋斗，无论如何不变其革命节操的更没有几个人了。要这样做，不但需要有坚定正确的政治方向，而且需要艰苦奋斗的精神，不然就不能抵抗各种恶势力恶风浪，例如死的威胁，饿饭的威胁，革命失败的威胁等等，我们的吴玉章同志就是经过这样无数的风浪而来的。"吴老是我们党不忘初心、牢记使命的楷模，是坚守信仰、至死不渝的典范。

结合学习贯彻习近平新时代中国特色社会主义思想，结合学习党章党规，结合党员干部工作学习生活实际，讲好吴玉章感人故事，使党员干部学有榜样、行有示范、赶有标杆，具有很强的针对性和现实性。为此，中共荣县县委组织部和四川大学马克思主义学院组织精干力量，共同编写了《初心·使命·信仰——吴玉章感人故事》干部学习读本。

荣县县委书记韩明祝，县委副书记、县长郑小清，荣县县委组织部部长赵义全，对全书编写提出了指导意见。荣县县委组织部常务副部长罗继杨，荣县县委组织部副部长、人才办主任吴文根，荣县县委党校副校长龚丽平，荣县吴玉章故居陈列馆馆长吕远红，荣县县委党史研究室罗秀能，对吴玉章故事材料的搜集、整理，提供了重要帮助。四川大学马克思主义学院副院长李建华负责全书的组织、策划、设计，拟订编写提纲，撰写前言。吴玉章的长孙、中国人民大学吴本立教授为本书作序，四川大学马克思主义学院李建华、肖杰、季明博分工负责各个故事的编写，陈加飞、吴国富、何志明、张仁枫、王小鹏参与了编写工作。全书由李建华统稿。

本读本中，习近平总书记的重要论述主要引自《习近平谈治国理政》（第一、二卷）和人民网·中国共产党新闻网“习近平系列重要讲话数据库”（http://jhsjk.people.cn/），吴玉章感人故事主要依据材料为正式出版的《吴玉章文集》《吴玉章传》《吴玉章年谱》《吴玉章回忆录》等著作和相关回忆录。此外，还参考和借鉴了一些联系紧密的学术著作、报刊资料和其他相关资料。囿于编写体例，本读本未对引文进行注释，特向被引资料的原作者表示感谢和歉意！

编　者

2019 年 9 月